DESTRUCCIÓN

DE FORTALEZAS...

S E DICE QUE EN LA GUERRA DEL GOLFO PÉRSICO Saddam Hussein disparaba cohetes Scud y luego sintonizaba la «Cadena de Noticias CNN» para ver dónde caían. A su vez los aliados respondían con bombas inteligentes, que apuntaban y buscaban con exactitud las chimeneas o ventanas en donde se suponía que debían explotar. Creo que es tiempo de que el pueblo cristiano empiece a orar como con «bombas inteligentes».

Este libro pone al descubierto las artimañas del diablo, y expone los objetivos de la oración que forzarán al enemigo a dejar en libertad a millones de almas cautivas. ¡Me entusiasma que Dios nos haya dado una nueva herramienta maravillosa para la guerra espiritual eficaz!

C. Peter Wagner

SERIE GUERRERO EN ORACIÓN

LA DESTRUCCIÓN DE
FORTALEZAS
EN SU
CIUDAD

Comó utilizar la cartografía para que sus oraciones sean más estratégicas,
más efectivas y mejor enfocadas

C. PETER
WAGNER

GRUPO NELSON
Una división de Thomas Nelson Publishers
Desde 1798

NASHVILLE   DALLAS   MÉXICO DF.   RÍO DE JANEIRO

Traducción: *Miguel A. Mesías*

ISBN: 978-1-60255-610-2

Dedicatoria

Cariñosamente dedicado
a Becky Wagner

Contenido

DE FORTALEZAS...

PARTE III: APLICACIÓN

Introducción

por C. Peter Wagner

DE FORTALEZAS...

¡Esta es una de aquellas introducciones que usted hará bien en leerla antes de avanzar al resto del libro!

La cartografía espiritual es un tema tan nuevo que pocos que toman este libro habrán tenido suficiente comprensión de trasfondo como para preparar el camino. Para quienes han llegado a interesarse en la guerra espiritual a nivel estratégico no será difícil, por cuanto un paradigma mental ya ha sido establecido. Para otros, sin embargo, este libro será el punto de entrada para sintonizar lo que yo considero una de las cosas más importantes que el Espíritu les está diciendo a las iglesias en la década de los noventa, y esta introducción será extremadamente provechosa para ese proceso.

LA CARTOGRAFÍA ESPIRITUAL EMERGE

Personalmente nunca oí el término «cartografía espiritual» en las décadas de los años setenta ni de los ochenta. Apenas en 1990, en una reunión de una pequeña organización llamada la Red de Guerra Espiritual, oí al pastor Ricardo Bernal, del Centro Cristiano de Jubileo, decir cómo los líderes y intercesores de su iglesia habían intentado identificar los principados espirituales sobre las diferentes ciudades y regiones alrededor del área de la bahía de San Francisco, en California, Estados Unidos. Otros de los presentes en la reunión cuestionaron la sabiduría de hacer tal cosa, y luego se suscitó una fogosa discusión. Supongo que alguien había estado usando el término previamente, pero por lo menos para mí, ese fue mi primer encuentro con el concepto.

Luego se sucedió una rápida sucesión de acontecimientos, y el núcleo que constituía la Red de Guerra Espiritual se integró al Sendero de Oración Unida del Movimiento del Año 2000 A.D. El Movimiento del Año 2000 A.D. ha sido levantado por Dios como la principal fuerza catalizadora para muchas iglesias, agencias, ministerios y denominaciones alrededor del mundo, para un esfuerzo concentrado para completar la tarea de la evangelización mundial, o por lo menos tanto como sea posible, para el año 2000. Es una organización de base, y sus actividades han sido delegadas a diez senderos o redes de recursos separados según intereses. Mi responsabilidad actual es dirigir al Sendero de Oración Unida, el cual está estableciendo una base global de oración para respaldar los esfuerzos de todos los otros senderos y el movimiento de evangelización como un todo.

La unidad más prominente dentro del Sendero Unido de Oración es la División de Cartografía Espiritual, dirigido por Jorge Otis, hijo, co-coordinador del Sendero de Oración. El establecimiento de esta división ha elevado a dimensiones mundiales el perfil de este nuevo campo de ministerio. Los que integramos el Movimiento del Año 2000 A.D. ya no debatimos si *debemos* realizar la cartografía espiritual. Ahora concentramos nuestras energías en *cómo hacerlo bien*.

Filtremos las locuras

No es ningún secreto que la intercesión, la guerra espiritual, lidiar con lo demoníaco, y ahora la cartografía espiritual tiende a atraer más locos de la cuenta. Los autores de este libro, la Red de Guerra Espiritual, el Sendero de Oración Unida, la División de Cartografía Espiritual, y el Movimiento del Año 2000 A.D. toman seriamente su responsabilidad de filtrar las lisonjas tanto como sea posible, y establecer un sistema de rendir cuentas, lo cual nos ayuda a no convertirnos nosotros mismos en lisonjeros. Nos esforzamos por colocar con excelencia e integridad fundamentos bíblicos, teológicos y sensibles al ministerio pastoral para la cartografía espiritual. Probablemente cometeremos errores, pero confiamos en que cuando los cometamos aprenderemos de ellos y los corregiremos con prontitud.

¿POR QUÉ ESTE LIBRO?

En cinco años, o incluso en dos años, después de que se escribe este libro ciertamente sabremos más respecto a la cartografía espiritual que lo que sabemos hoy. No obstante, en su providencia Dios ha estado levantando un grupo relativamente pequeño de personas de muchas partes del mundo que han estado realmente haciendo cartografía espiritual por más de veinte años, y han acumulado considerable experiencia.

Creo que más que cualquier otro libro que haya escrito, este emergió de la dirección inmediata de Dios. Había planeado hacer una serie de tres libros sobre la oración, empezando con *Oración de guerra* y *Escudo de oración*, ambos publicados por Editorial Betania. El tercero se suponía que sería un libro sobre la oración en su relación a la iglesia local. Todos tienen el propósito de que la oración estratégica y enfocada contribuya a la aceleración de la evangelización mundial. Pero Dios me interrumpió y fuertemente percibí que debía escribir este libro respecto a la cartografía espiritual porque Dios quería que los líderes de las iglesias contaran con una guía práctica para poner en práctica lo que el Espíritu les está diciendo ahora a las iglesias respecto a la cartografía espiritual.

Cuando empecé a levantar la objeción de que no sabía lo suficiente respecto a la cartografía espiritual como hacer un libro completo, Dios pareció tornarse más específico. Claramente recuerdo en mi tiempo de oración en un hotel en Portland, estado de Oregón, que percibí un ungimiento del Señor y en menos de 45 minutos había escrito en mi libreta de anotaciones el bosquejo básico del libro que usted tiene ahora en sus manos. Sin duda algunos otros líderes cristianos alrededor del mundo podrían obtener la visión y la sabiduría de estos autores, pero dudo que muchos podrían sobrepasarlas. Los que contribuyeron para este libro proceden de los Estados Unidos, Suecia, Guatemala y Argentina. Cada uno de ellos empezó la cartografía espiritual sin adiestramiento o contacto con otros que estaban haciéndolo. Ahora están en comunicación los unos con los otros por medio de la Red de Guerra Espiritual, y todos ellos están asombrados, tanto como agradecidos, por los años que cada uno ha estado recibiendo instrucciones similares del Señor.

CONOZCA A LOS CONTRIBUYENTES

¿Qué es la cartografía espiritual? Algunos de nuestros expertos han dado sus definiciones, todas las cuales refuerzan y complementan a las otras. La definición condensada, y sin pretender de técnica, es: *Un intento de ver nuestra* (coloque aquí el nombre de la región a ser cartografiada) *como realmente es, y no como parece ser.* Esta procede de Jorge Otis, hijo, a quien, por sus obras, tales como *The Last of the Giants* («El último de los gigantes») y por su ministerio mundial con el Grupo Centinela y el Sendero de Oración Unida del Año 2000 A.D., muchos, incluyo yo mismo, consideran ser el mejor líder en el área. Me encantó cuando

Jorge aceptó contribuir el primer capítulo, y proveer supervisión de la filosofía de cartografía espiritual en general.

Como fundador y presidente de los Generales de Intercesión, Cindy Jacobs sobresale tanto en la enseñanza de la guerra espiritual a nivel estratégico, como en guiar a los pastores e intercesores a realmente practicarla en sus propias áreas de servicio. Su capítulo sobre las fortalezas aclarará muchas de las preguntas que se hacen con frecuencia. El libro de Cindy, *Conquistemos las puertas del enemigo* (Editorial Betania) es un manual iluminador de adiestramiento para la intercesión militante, y ha sido altamente aclamado.

Kjell (pronúnciese «Shell») Sjöberg ha sido conocido por su ministerio de intercesión espiritual a nivel estratégico, sus acciones de oración profética y cartografía espiritual, más tiempo que cualquiera de los otros autores. Su libro *Winning the Prayer War* (Ganando la guerra de oración) nos abre nuevos campos en el área. Nadie que yo conozca puede relacionar la cartografía espiritual a las acciones de oración profética con la perspectiva y experiencia práctica que Kjell trae en su capítulo.

Junto con mi capítulo sobre «Lo visible y lo invisible», el cual considero uno de los ensayos más importantes que haya escrito en años recientes, este grupo provee la sección de los «principios» de este libro. Para la sección de la «Práctica» he escogido tres personas practicantes, de tres naciones diferentes, cada una de las cuales está profundamente involucrado en la realización de la cartografía espiritual, y cada uno de los cuales empezó virtualmente sin ninguna ayuda, instrucción o modelo de los demás.

La sección práctica

Harold Caballeros, pastor de la Iglesia El Shaddai en Guatemala, y que al presente tiene al presidente de Guatemala y a su familia entre sus miembros activos, es el primer pastor en cuyo estudio personal encontré más textos de arqueología que comentarios sobre Romanos. Esto no quiere decir que Harold descuide la exposición bíblica erudita en su ministerio pastoral, sino que él toma muy seriamente la necesidad de comprender las fuerzas espirituales que han dado forma a su comunidad desde el tiempo del imperio maya. Su capítulo le llevará derecho al corazón de la cuestión.

Bob Beckett tal vez ha sido quien ha podido observar más de cerca que ninguno de los demás los resultados reales de la cartografía espiritual y la guerra espiritual a nivel estratégico en su iglesia local, la Iglesia Familiar de Dwelling Place, y su comunidad de Hemet, California. Cuando enseño mi curso sobre la materia en la Universidad de Fuller, le pido a Bob que dicte una conferencia sobre cartografía espiritual, luego llevo a la clase entera a Hemet para una excursión práctica de cartografía espiritual, dirigida por Bob. Al leer el capítulo que él escribió obtendrá un vistazo de lo que los estudiantes de Fuller aprenden de él.

No consideramos la cartografía espiritual como un fin en sí misma. Vemos una relación de causa y efecto entre la fidelidad del pueblo de Dios en oración y la venida de su reino.

En mi libro *Oración de guerra* (Editorial Betania), menciono frecuentemente a Víctor Lorenzo porque Argentina ha surgido como nuestro principal laboratorio para probar la guerra espiritual a nivel estratégico, y Víctor ha sido un participante clave en el proceso. Como explica él, ha trabajado mucho junto a Cindy Jacobs. De todos nuestros autores Víctor ha descubierto más información específica respecto a las fuerzas del enemigo en una ciudad dada, incluyendo descubrir los nombres propios de algunos espíritus territoriales. El resultado evangelizador ha sido grato.

La aplicación

La sección final «Aplicación» se incluye para ayudar a responder a una de las preguntas que con más frecuencia oigo: ¿Cómo puede un pastor de Pumphandle, Nebraska, que no es Kjel Sjöberg o Cindy Jacobs, realizar la cartografía espiritual? Mark McGregor encaja en la descripción. Es un cristiano consagrado, pero es un laico, programador de computadores, que desea servir al Señor en donde quiera que puede. Es el único contribuyente que no está afiliado con la Red de Guerra Espiritual. Para cartografiar su ciudad de Seattle simplemente tomó la lista de preguntas del libro *La reconquista de tu ciudad* (Editorial Betania) de John Dawson, y buscó datos en libros y otra información disponible para el público, tales como en las bibliotecas, archivos municipales y sociedades históricas. No lo digo para desprestigiar a Mark, pero si él puede hacerlo, usted también puede hacerlo. Lea su capítulo para captar una idea general de la clase de información que se necesita.

Simplemente recolectar datos es un paso esencial, pero no es suficiente. Aquí es donde las personas con dones espirituales específicos, así como con madurez y experiencia espiritual en el Señor necesitan intervenir. Una de ellas es Bev Klopp, por años reconocida como intercesora y miembro del equipo de intercesión de la Red de Guerra Espiritual. Usando su don de discernimiento de espíritus, junto con años de experiencia orando por Seattle, Bev provee un modelo para interpretar los datos e identificar los blancos.

Cuando usted esté listo para avanzar de la acción de recolectar información al campo de batalla, asegúrese de tener a algunas Bev Klopp en su equipo.

En el último capítulo he cernido lo que otros han dicho en el libro, y he reunido un instrumento de cartografía espiritual que sugiero, que algunos hallarán útil al avanzar a esta productiva área de ministerio.

¿QUÉ ES LA CARTOGRAFÍA ESPIRITUAL?

Como lo recalcan muchos de nuestros contribuyentes, no consideramos la cartografía espiritual como un fin en sí mismo. Sin embargo, sí creemos que es el deseo de Dios que oremos: «Venga tu reino. Hágase tu voluntad, como en el cielo, así también en la tierra» (Mateo 6.10). También vemos una relación de causa y efecto entre la fidelidad del pueblo de Dios en la oración y la venida de su reino. Cuando la voluntad de Dios es hecha en la tierra vemos que los perdidos son salvados, los enfermos reciben sanidad, los pobres tienen suficiente de las cosas esenciales, y las guerras, el derramamiento de sangre y peleas se terminan, los oprimidos son puestos en libertad, vemos gobiernos justos, prácticas equitativas y justas en los negocios, armonía entre las razas, tan solo para mencionar algunos de los beneficios.

Muchos líderes cristianos opinan que hasta ahora el ministerio de oración en nuestras iglesias no ha sido de lo más poderoso. Me encanta la manera en que George Otis, hijo, expresa esto:

> Aun cuando de rutina se reconoce que la oración es un componente importante en los esfuerzos de evangelización global, estas expresiones son más frecuentemente el producto de hábitos religiosos que reflejo de una convicción genuina. Como otras personas religiosas alrededor del mundo, oramos porque vacilamos embarcarnos en empresas significativas sin primero reconocer a nuestra divinidad familiar. Si Dios responde o no a nuestras peticiones específicas es de menor importancia que asegurarnos de que no hemos causado la ofensa por descuidar informarle de nuestras intenciones. En este sentido la oración es más supersticiosa y profiláctica que sobrenatural y creativa.[1]

Como Bob Beckett lo dice en su capítulo, mucho de nuestra oración ha sido como lo que ocurrió cuando Saddam

---

1. George Otis, Jr., en un documento descriptivo introduciendo «Operación Segunda Oportunidad», 1992, n.p.

Hussein lanzaba los cohetes Scud. No tenía ni la menor idea de a dónde se dirigían, y consecuentemente no hicieron casi ningún efecto. Los que oran para libertar a las personas de la opresión demoníaca han aprendido desde hace tiempo que, hablando en general, los resultados son mucho mayores cuando se identifican a los espíritus malos y específicamente se les ordena salir en el nombre de Jesús, antes que ministrar con una oración vaga tal como: «Señor, si hay algún espíritu aquí les ordenamos que salgan en tu hombre». Sospechamos que lo mismo puede ser verdad al orar por la liberación de nuestros vecindarios, ciudades o naciones. La cartografía espiritual es simplemente una herramienta para permitirnos ser más específicos, y, se espera, más poderosos, al orar por nuestra comunidad.

George Otis, hijo, dice: «Los que se toman el tiempo tanto de hablar y de escuchar a Dios antes de lanzarse en aventuras de ministerio no solamente que se hallarán en el lugar preciso en el momento apropiado, sino que también sabrán qué hacer cuando lleguen a tal punto».[2] Los que estamos desarrollando el tema de la cartografía espiritual estamos intentando aumentar nuestra capacidad de oír a Dios y de comunicar a otros lo más exactamente que nos sea posible lo que estamos oyendo.

¿ES BÍBLICA LA CARTOGRAFÍA ESPIRITUAL?

Varios de nuestros autores tratan de la cuestión de la base bíblica para la cartografía espiritual. No es mi propósito aquí reiterar sus argumentos, excepto para decir que todos los que contribuimos para este libro nos consideramos cristianos bíblicos, y ninguno de nosotros consideraría recomendar al Cuerpo de Cristo un área de ministerio si no estuviéramos completamente convencidos de que lo que estamos enseñando es la voluntad de Dios, y que en ninguna manera viola la enseñanza de las Escrituras. Personalmente

---

2. Ibid.

estamos convencidos de que la cartografía espiritual es bíblica, y procedemos partiendo de esa premisa.

Al mismo tiempo no ignoramos el hecho de que otros hermanos y hermanas de elevada integridad cristiana estarán en desacuerdo con nosotros. Algunos han publicado recientemente tales pensamientos en artículos y libros. Agradecemos a Dios por las personas que nos critican inteligentemente, y los bendecimos. Por un lado han notado algunos errores, expresiones equivocadas o exageraciones que hemos cometido, y estamos en el proceso de corregirlos. Por otro lado opinamos que incluso las personas que nos critican contando con casi nada de información nos mantienen alerta y nos ayudan a aguzar lo que decimos y lo que hacemos. En ningún caso tenemos el deseo de entrar en polémica o intentar refutar a los que nos critican. No tenemos inclinación de luchar por parecer bien haciendo que otros hermanos y hermanas en Cristo parezcan mal, y en este libro no se hallará nada de esto.

Estamos agudamente conscientes de que la cartografía espiritual, junto con la guerra espiritual a nivel estratégico, son innovaciones relativamente nuevas que están siendo introducidas en el Cuerpo de Cristo. Resulta que opinamos que estamos siendo guiados por el Espíritu Santo, pero incluso así, las leyes sociales científicas de difusión de la innovación inexorablemente continúan vigentes. Cualquier innovación típicamente atrae algunos adeptos desde el principio, luego otros que lo adoptan al medio y otros que la adoptan al final. En muchos casos algunos rehúsan adoptar la innovación, como por ejemplo la existencia de la Sociedad Internacional de la Tierra Plana lo demuestra con elocuencia. La cartografía espiritual está al presente en la etapa de adopción temprana, y es la etapa en que, en forma predecible, estimula la más acalorada controversia. La reacción espasmódica del cristiano al oponerse a cualquier innovación es decir: «No es bíblico», como lo hicieron algunos cuando se introdujo por primera vez la Escuela Dominical y algunos lo hicieron respecto a la abolición de la esclavitud.

Ejemplos bíblicos y arqueológicos

Un ejemplo de cartografía espiritual lo vemos en Ezequiel 4.1-3, en donde Dios instruye a Ezequiel a trazar en un adobe un mapa de la ciudad de Jerusalén y luego poner «contra ella sitio». Obviamente esto se refiere a guerra espiritual; no a guerra convencional.

Menciono esto porque alguna investigación ha descubierto lo que los arqueólogos estiman ser el primer mapa conocido de una ciudad, la ciudad de Nipur, el centro cultural antiguo de Sumeria. Se halla en una tablilla de barro bien conservada, indudablemente similar a la que usó Ezequiel. Las características del mapa, trazado alrededor de 1,500 a.C. constituye lo que hoy día llamaríamos cartografía espiritual. En el centro de la ciudad está escrito «el lugar de *Enlil*». Se dice que en la ciudad «habitaba *Enlil*, el dios del aire, la divinidad principal del panteón sumerio».[3] Podríamos identificar esto como el espíritu territorial de Sumeria.

Otros edificios en el mapa incluyen el *Ekur*, el más renombrado templo de Sumeria; el *Kagal Nana*, o la puerta de *Nana*, la diosa sumeria de la luna; el *Kagal Nergal* o la puerta de *Nergal* quien era el rey del mundo inferior y esposo de la diosa *Ereshkigal;* la *Eshmá* o «templo suntuoso» en las afueras de la ciudad, y mucho más.[4]

Otro dato muy interesante. En el capítulo escrito por Víctor Lorenzo usted verá que parte del diseño maligno y con base de ocultismo de la ciudad argentina de La Plata incluyó intencionalmente un rompimiento del patrón usual en América Latina, al no tener las calles trazadas en dirección de los puntos cardinales: norte, sur, este y oeste. ¡Lo mismo ocurrió en Nipur! El experto en Asiria Samuel Kramer observa: «El mapa estaba orientado, no según la dirección norte sur, sino más o menos en un ángulo de 45 grados».[5]

3. Samuel Noah Kramer, *From the Tables of Sumer* [De las tablas sumerias], The Falcon's Wing Press, Indian Hills, Colorado, 1956, p. 271.
4. Ibid., pp. 272, 273.
5. Ibid., p. 272.

Evidentemente existen algunos precedentes históricos a la cartografía espiritual.

¿Glorifica esto a Satanás?

Poner al descubierto las artimañas del diablo puede llegar a ser algo tan fascinador que podemos empezar a centrar nuestra atención en el enemigo antes que en Dios. Esto se debe evitar a cualquier costo. Si no lo evitamos caeremos en las manos del enemigo. El propósito principal de la existencia de Satanás es evitar que Dios sea glorificado. Su motivación para esto es que quiere la gloria para sí mismo. Si le es posible, engañará a los mismos siervos de Dios, desviándolos a que participen en actividades que acaban exaltando a la criatura antes que al Creador.

Cada uno de los que contribuyen para este libro tiene suficiente madurez espiritual y experiencia en la guerra espiritual práctica que reconoce plenamente los deseos de Satanás, y no le dan ninguna satisfacción. Todos concuerdan en que la respuesta al peligro no es retroceder y dejarle el campo de batalla libre a Satanás. La respuesta es avanzar tan agresivamente como sea posible para poner al descubierto los deseos, estrategias, técnicas y armas del enemigo. La investigación que nos ayuda a hacer esto no tiene más intención de glorificar a Satanás que la investigación del cáncer tiene la intención de glorificar al cáncer. Pero mientras más sepamos respecto a la naturaleza, causas, características y efectos del cáncer mejores serán nuestras oportunidades de erradicarlo. Hace años, por ejemplo la investigación sobre la viruela puso al descubierto mucha de nuestra ignorancia al respecto, y como resultado millones y millones de vidas humanas se han salvado. La viruela no fue glorificada; fue derrotada.

Mayor que el peligro de glorificar al enemigo es ignorarlo. Me encanta la manera en que William Kumuyi, el coordinador africano del Movimiento del Año 2000 A.D. y líder en la Red de Guerra Espiritual lo dice: «El enemigo con frecuencia se aprovecha de nuestra ignorancia. Si usted está luchando contra un enemigo que no ha visto y que está decidido a destruirlo a usted, y usted no está vigilando, y ni siquiera sabe que la lucha está rugiendo, el enemigo se aprovechará de esa ignorancia y lo derrotará en medio de la batalla».[6]

C. S. Lewis no escribió *Cartas a un diablo novato* para glorificar a Satanás o los demonios tales como Termita, sino más bien para darnos las herramientas para que podamos combatirlos en el nombre de Jesús. Libros tales como éste sobre la cartografía espiritual fueron diseñados con el mismo propósito.

NO TODOS SON LLAMADOS AL FRENTE DE BATALLA

Es algo natural que al leer un libro como éste algunos digan: «Yo quiero ser como Harold Caballeros» o «Quiero ser como Bob Beckett». No hay nada de malo en desear hacer las cosas que ellos hacen, *en tanto y en cuanto Dios lo haya llamado a hacerlo así*. Pero Dios no llama a todo el mundo a la línea del frente de guerra espiritual, de la misma manera que no llama a todo el mundo a ser un evangelista público o un misionero cruzando culturas. Por ejemplo, solamente un minúsculo porcentaje de los que pertenecen a la Fuerza Aérea pilotean en efecto aviones de guerra, o siquiera vuelan en ellos como miembros de la tripulación. Lo mismo se aplica a la guerra espiritual.

La iglesia *entera* es un ejército y está en plena batalla espiritual. *Todos nosotros* debemos cantar «Firmes y adelante, huestes de la fe». Pero no todo el mundo en el ejército es asignado al frente de batalla. Los que se hallan en el frente necesitan de los que están detrás de las líneas, y los que están detrás de las líneas necesitan de quienes están en el frente.

---

6. W.F. Kumuyi, *The Key to Revival and Church Growth* [La clave para el despertamiento y el crecimiento de la iglesia], Zoe Publishing Company, Lagos, Nigeria, 1988, p. 25.

LA LEY DE LA GUERRA

Cuando los hijos de Israel se preparaban para tomar la tierra prometida Dios les dio la ley de la guerra. Esto es importante para nosotros hoy al darnos cuenta de que Dios les preparó para la guerra *espiritual*, no para la guerra *convencional*. ¿Qué ejército convencional jamás derrotó a una ciudad marchando alrededor de ella *X* número de veces o tocando trompetas? Opino que estas leyes de guerra que se registran en Deuteronomio 20 son válidas para hoy.

Algunas categorías de hombres maduros y vigorosos que de otra manera pudiera haber sido considerados como guerreros en el ejército de Josué debía ser específicamente excluidos del frente de batalla. Los que acababan de construir una casa nueva debían regresarse. También los que habían plantado una viñedo y los que estaban comprometidos en matrimonio pero todavía no se habían casado. En el texto se mencionan algunas de las razones para cada una de estas exclusiones. Pero luego se indica que el «medroso y pusilánime» también debían regresarse (véase Deuteronomio 20.8).

Significativamente, en mi opinión, no hay indicación alguna de reproche o regaño o desilusión. Evidentemente su lugar apropiado era su hogar, no la guerra.

La misma ley de la guerra se aplicó posteriormente para Gedeón, quien empezó con 32,000 posibles guerreros. De estos, 22,000 fueron temerosos y pusilánimes y se les animó a que se regresaran. Luego Dios llamó solamente 300 de entre los 10,000 que hubiera podido ser elegibles. No eran ni los más grandes, ni los más fuertes, ni los más jóvenes, no los que corrían más ligero, ni los más experimentados, ni los mejores luchadores con espada, o ni siquiera los más valientes. En su propia manera Dios soberanamente llamó a 300 a que fueran y llamó a 9,700 a que *no fueran*.

Esta es la manera en que se supone que debe operar el cuerpo de Cristo. Dios dota y llama solamente a unos pocos a ser evangelistas públicos y a predicar desde una plataforma el evangelio a multitudes. Dios llama solamente a unos pocos a dejar sus hogares y familiares e irse como misioneros a una tierra foránea y a una cultura foránea. Ellos necesitan del resto de nosotros que no subimos a las plataformas ni vamos a otros países; nos necesitan para que los respaldemos en toda manera posible. Y nosotros necesitamos de ellos. El ojo no puede decir a la mano: «No te necesito» (véase 1 Corintios 12.21).

> **El sentir de cada uno de los que contribuyeron en este libro es que el mundo crea; que las multitudes de seres humanos perdidos sean librados de la opresión oscura del enemigo y traídos por el Espíritu Santo a la luz gloriosa del evangelio de Cristo. Nos unimos a Jesús en la oración de que el cuerpo de Cristo sea uno en el Espíritu.**

ORAR POR UNIDAD ESPIRITUAL

Estamos familiarizados en cuanto a tratar con evangelistas públicos y misioneros que cruzan culturas. Pero ¿podemos aplicar los mismos principios y procedimientos para lidiar con la guerra espiritual? Dios llama a algunos a ir al frente de batalla y a otros a hacer otras cosas. Los que van no deben pensar que son más espirituales o favorecidos por Dios que los que no van. Los que quedan en casa no deben criticar a los que Dios ha llamado a la batalla. Debe haber una afirmación mutua y respaldo de toda clase. El rey David decía: «Porque conforme a la parte del que desciende a la batalla, así ha de ser la parte del que queda con el bagaje; les tocará parte igual» (1 Samuel 30.24). Cuando se gana la batalla todos se benefician de la victoria: los que fueron al frente y los que se quedaron en casa con sus propias cosas.

Recalco este punto porque pienso que a Satanás no le gustaría más que usar este libro para dividir el cuerpo de Cristo. Jesús oró al Padre: «Que todos sean uno [...] para que el mundo crea» (véanse Juan 17.21). El sentir de cada uno de los que contribuyeron en este libro es que el mundo crea; que las multitudes de seres humanos perdidos sean librados de la opresión oscura del enemigo y traídos por el Espíritu Santo a la luz gloriosa del evangelio de Cristo. Nos unimos a Jesús en la oración de que el cuerpo de Cristo sea uno en el Espíritu.

MANTENER EL FOCO

Sé por experiencia que el tema de la cartografía espiritual puede ser tan fascinante que algunos caen en la trampa de verlo como un fin en sí misma. O, tal vez peor que eso, algunos pensarán que ya no se puede hacer evangelización, ministerios de benevolencia o desarrollo, o cualquier otra clase de ministerio sin cartografía espiritual.

La cartografía espiritual no es ni un fin en sí misma ni es prerequisito indispensable para el ministerio. Debe vérsela como simplemente una herramienta más para nuestra tarea de evangelización mundial. Ejemplos de irrupción dramática abundan en lugares oscuros tales como Nepal, Argelia o Mongolia sin la ayuda de la cartografía espiritual. Sin embargo, en aquellas circunstancias en donde la cartografía espiritual es posible, y cuando se la hace bajo la unción del Espíritu Santo, hay el potencial de un avance sin precedentes del reino de Dios.

Mi ruego es que al leer este libro mantenga su foco. El foco final es la gloria de Dios por medio de Jesucristo quien es el Rey de reyes y Señor de señores. Nuestra tarea es contribuir a que esa gloria se esparza por toda nación, tribu, lengua y gente en toda la faz de la tierra.

Parte I:
Los principios

DE FORTALEZAS...

Un vistazo general de la cartografía espiritual

por George Otis, hijo

GEORGE OTIS, HIJO ES FUNDADOR Y PRESIDENTE del «grupo centinela» que organiza una cosecha de oración mundial y cartografía espiritual de alto nivel. Anteriormente misionero de la organización «Juventud con una Misión», también sirvió por muchos años como asociado en el «Comité de Lausana para la Evangelización Mundial». Actualmente es co-coordinador, junto con Peter Wagner, del «Sendero de Oración Unida del Movimiento del Año 2000 A.D.» en donde encabeza la división de cartografía espiritual. Su libro The Last of the Giants [El último de los gigantes] ha sido ampliamente aclamado como un esfuerzo intrépido de avanzada en el campo de la cartografía espiritual.

En diciembre de 1992 encontré un hito personal muy significativo: el vigésimo aniversario de mi participación en las misiones de avanzada. Como todos los acontecimientos de importancia, la ocasión era causa tanto de celebración como de reflexión. Fue un tiempo de regocijo por la fidelidad de Dios, pero también de contemplar cuán radicalmente ha cambiado el mundo, y el campo misionero, durante estas dos increíbles décadas.

Actualmente la Iglesia se enfrenta a dos desafíos externos sustanciales para su continua expansión: «atrincheramiento demoníaco» y «lo avanzado de la hora».

El progreso evangelizador desde principios de la década de los años setenta ha sido nada menos que asombroso. Además de grandes movimientos de Dios en Argentina, Rusia, Indonesia, Guatemala, Brasil, Nigeria, India, Corea del Sur y las Filipinas, desarrollos dignos de notarse han ocurrido también en lugares tan improbables como Afganistán, Nepal, Irán, Mongolia y Arabia Saudita. El establecimiento exitoso de iglesias en el Pacífico, África y América Latina ha reducido grandemente el territorio de evangelización primaria a una franja que va de los 10 grados a los 40 grados de latitud norte a través del norte de África y Asia que se conoce como «Ventana 10/40».

UN VIAJE POR CIEN NACIONES

Por los pasados veinte años he tenido el privilegio de ver mucho de este proceso evangelizador en forma cercana y personal. Papeles de liderazgo con diferentes misiones y movimientos me han dado la oportunidad de viajar y ministrar en casi cien naciones del mundo, viaje que me ha llevado desde los centros de detención de la KGB a las sangrientas y violentas calles de Beirut, y a los monasterios infestados de demonios en los Himalayas.

Este viaje íntimo y de largo alcance también me ha llevado a concluir que el progreso evangelizador de las reciente décadas no es probable que sea sostenido en el futuro a menos que los cristianos lleguen a enterarse mejor de los principios de guerra espiritual; porque, aun cuando la tarea restante de la evangelización mundial puede estar reduciéndose (por lo menos en cuanto a lo que se refiere a estadísticas territoriales y de población), también se está haciendo más desafiante. En los últimos pocos años los intercesores y evangelistas colocados en la frontera de la región 10/40 se han visto frente a frente con algunas de las más formidables fortalezas espirituales de la tierra.

Actualmente la Iglesia se enfrenta a dos desafíos externos sustanciales para su continua expansión: «atrincheramiento demoníaco» y «lo avanzado de la hora».

Aun cuando el atrincheramiento demoníaco no es nada único —los hebreos lo encontraron tanto en Egipto como en Babilonia, y el apóstol Pablo lo encontró en Éfeso— debemos considerar que ahora estamos con muchos más siglos de historia a nuestras espaldas. En algunos lugares de la tierra, hoy, notablemente en Asia, pactos demoníacos han estado en servicio continuamente desde tiempos posdiluvianos y la luz espiritual es casi imperceptible.

En adición debemos también considerar la hora en la que estamos viviendo. En el libro de Apocalipsis Dios advierte a los habitantes de la tierra y del mar: «El diablo ha descendido a vosotros con gran ira, sabiendo que tiene poco tiempo» (Apocalipsis 12.12). Informes cada vez más frecuentes de incursiones del evangelio en sus fortalezas erosionadas por la oración han hecho que el enemigo se dé cuenta de que su hora tan temida está muy próxima. Evidencia de esto son las crecientes incidencias de señales prodigios demoníacos, tanto como por los incrementados contraataques contra los que están esforzándose por probar y escapar de este mentiroso.

En pocas palabras, las guerreros cristianos al final del siglo veinte pueden esperar enfrentar desafíos en el campo de batalla espiritual que son únicos tanto en tipo como en magnitud. Métodos comunes de discernir y responder a estos desafíos ya no serán suficientes. Como escribí en mi libro reciente *The Last of the Giants* [El último de los gigantes], si vamos a triunfar sobre las obras del enemigo, «debemos aprender a ver al mundo como en realidad es, no como lo que parece ser».

DEFINICIONES Y PRESUPOSICIONES

En 1990 acuñé un término para esta nueva manera de ver las cosas: «cartografía espiritual», ahora el tema central de este libro. Involucra, como he sugerido: «superponer nuestra comprensión de las fuerzas y sucesos en el dominio espiritual sobre los lugares y circunstancias del mundo material».[1]

La presuposición clave aquí es que quienes practican la cartografía espiritual ya poseen una aguda comprensión del dominio espiritual. Dada la cantidad de tiempo que muchos cristianos gastan hablando, cantando y leyendo respecto a esta dimensión en la cual se dice que la realidad se basa, parecería que debería ser algo razonable de dar por sentado. Desafortunadamente no es así. Y esta es la gran sorpresa.

Uno pensaría que los senderos de la dimensión espiritual debería ser tan familiares para el creyente común como el mar lo es para el marinero; que la mayoría de cristianos sabría tanto en teoría como en la práctica lo que el apóstol Pablo decía en Efesios 6 cuando hablaba de la batalla que se libra en contra de huestes espirituales de maldad en las regiones celestes.

El problema parece ser que muchos creyentes —particularmente en el atareado hemisferio occidental— no se han

---

1. George Otis, hijo, *The Last of the Giants* [El último de los gigantes], Chosen Books, Tarrytown, Nueva York, 1991, p. 85.

dado el tiempo para aprender el lenguaje, los principios y protocolos de la dimensión espiritual. Algunos prefieren ignorar todo, excepto sus rasgos cósmicos (el cielo, infierno, Dios, el diablo), mientras que otros tienden a proyectar rasgos que brotan de su propia imaginación. Ambas tendencias son errores serios. En tanto que la primera ignora lo que *está* allí, la última es la entrada a lo que *no está* allí. En ambos casos las obras del diablo permanecen enmascaradas y el reino de las tinieblas florece.

La cartografía espiritual es un medio por el cual podemos ver lo que está por debajo de la superficie del mundo material; pero no es nada mágico. Es subjetivo, en el sentido de que es una habilidad que brota de la correcta relación con Dios y de un amor por su mundo. Es objetiva, en el sentido de que puede ser verificada (o desacreditada) por la historia, la observación sociológica y la Palabra de Dios.

Por otra parte, la cartografía espiritual no está confinada a las obras de las tinieblas. Algunos que practican la guerra espiritual han dado a la disciplina una definición más estrecha —limitándola al descubrimiento de las fortalezas de los demonios— pero esto representa cierto peligro. Más específicamente, puede estimular una preocupación con la ubicación y actividades del enemigo mientras que a la vez se ignora el hecho de que Dios también opera en la dimensión espiritual. Cuando superponemos nuestra comprensión de las fuerzas y acontecimientos del dominio espiritual a los lugares y circunstancias del mundo material, debemos recordar que estas fuerzas y sucesos no son todos negros. La cartografía espiritual simplemente pone las obras del enemigo en un contexto más grande de la dimensión espiritual.

EL ACTUAL CAMPO DE BATALLA ESPIRITUAL

La iglesia de Jesucristo no debe retraerse en cuanto a dar una larga y profunda mirada a los obstáculos espirituales que se interponen entre ella y el cumplimiento de la Gran

Comisión. El campo de batalla espiritual de la década de los noventa está tornándose cada vez más un lugar sobrenatural. Hay quienes cuya teología personal resiste esta idea, pero son a menudo teóricos occidentales que todavía no han sometido sus presuposiciones a la prueba de la realidad. En contraste, la vasta mayoría de los pastores internacionales, misioneros, evangelistas e intercesores, no tienen necesidad de que se los convenza que hay algo por allí, y que ese «algo» se manifiesta en nuestro mundo material.

Pero, ¿qué es exactamente lo que la gente está notando? Basado en los comentarios recibidos de parte de creyentes interesados por todo el mundo, las siguientes son tres observaciones primarias:

1. Las tinieblas espirituales están aumentando y se están convirtiendo en algo más sofisticado.
2. Hay un patrón geográfico para el mal y la opresión espiritual.
3. No comprenden la dimensión espiritual tan bien como lo suponían.

Las iglesias locales están descubriendo que las estadísticas demográficas respecto al crecimiento de la iglesia no dicen todo respecto a nuestras comunidades. Las agencias misioneras están dándose cuenta de que la sagacidad en el cruce de culturas por sí sola no puede lograr una irrupción evangelizadora. Las fraternidades de oración intercesora están reconociendo la necesidad de blancos específicos más coordinados. En pocas palabras, la gente quiere respuestas al acertijo del mundo invisible para poder ministrar más eficazmente.

FORTALEZAS TERRITORIALES

Anidado en el corazón de la filosofía de cartografía espiritual está el concepto de fortalezas territoriales. No es una idea nueva; muchos escritores han tocado el tema antes. Lo que *es* nuevo es que un porcentaje creciente del Cuerpo de Cristo ahora reconoce la necesidad de lidiar con tales fortalezas.

El problema es que el término «fortalezas territoriales» ha sido esgrimido tan libremente en los últimos tiempos que clama por definición. Se lo ha usado en forma tan elástica que los que son nuevos en cuanto a abordar el tema difícilmente pueden decidir qué deben creer.

En la confusión algunos escritores cristianos han sugerido que cualquier noción de guerra espiritual que abarque la territorialidad espiritual es extrabíblica, o que está fuera de la Biblia. Otros han arrojado dudas respecto a la validez de la guerra espiritual en sí misma. Aun cuando estas voces son claramente una minoría, es claro que está en orden fijar límites a las definiciones y usos.

Quienes se alejan asustados de la idea de territorialidad espiritual aduciendo que el concepto está fuera de la Biblia deben recordar que hay un océano de diferencia entre algo que es «extrabíblico» y lo que es «contrario a la Biblia». Un concepto «extrabíblico» es una luz amarilla que estimula a pasar con cuidado; lo que es contrario a la Biblia es una luz roja que exige que el viajero se detenga en el nombre de la ley y del sentido común. Hasta la fecha no he oído a nadie aduciendo que la idea de territorio espiritual sea *contraria a la Biblia*. La razón simple es que no lo es.

Peter Wagner y otros han recalcado en escritos anteriores que la Biblia toca el tema de territorialidad espiritual en ambos Testamentos.[2] El ejemplo más citado es el príncipe de Persia en Daniel 10. Aquí tenemos un caso bien definido de un ser espiritual maligno gobernando sobre un área con fronteras determinadas explícitamente. Incluso los que no son eruditos deben conceder que es significativo que a esta criatura no se la designe como el príncipe de China o el príncipe de Egipto. Cuando se estudia este pasaje juntamente con versículos tales como Ezequiel 28.12-19; Deuteronomio

---

2. Véase, por ejemplo, C. Peter Wagner, *Oración de guerra*, Editorial Betania, Miami, FL, 1993.

32.8; *Septuaginta* «según el número de los ángeles de Dios»; y Efesios 6.12 (p.e. *cosmocratoras* «gobernantes del mundo») el caso en pro de la territorialidad espiritual se torna más fuerte.

Así como cualquiera que ha visitado en forma más que casual lugares tales como la India, la tierra de los Navajos, Camerún, Haití, Japón, Marruecos, Perú, Nepal, Nueva Guinea y China, puede testificar, jerarquías complejas de divinidades y espíritus son consideradas como comunes. Se percibe que estos seres incorpóreos rigen sobre hogares, aldeas, ciudades, valles, provincias y naciones, y ejercen extraordinario poder sobre la conducta de los habitantes de la localidad. Que Dios mismo reconoce el poder vicario de las deidades locales es manifiesto en su urgente llamado a Abraham, y luego a la nación hebrea, a salir de entre los cementerios animados de los babilonios y los cananeos.

¿POR QUÉ LAS COSAS SON COMO SON?

Casi toda persona ha tenido la experiencia de entrar en otra ciudad, vecindario o país, tan solo para sentir una intranquilidad u opresión intangible que desciende sobre su espíritu. En muchos casos lo que encontramos en tales circunstancias es la atmósfera prevaleciente de otro reino. Si que lo sepamos, hemos cruzado una frontera espiritual que es parte del campo del cual el apóstol Pablo habla en Efesios 6.

Otras situaciones son más obvias. Independientemente de su teología, cualquier cristiano sincero y moderadamente conocedor reconocerá que hay ciertas áreas del mundo hoy en donde las tinieblas espirituales son más pronunciadas. Sea en las ciudades incrustadas de ídolos como Varanasi y Katmandú, la decadencia ostentosa de Pataya o Amsterdam, o la desolación espiritual de Omán o del Sahara Occidental, en tales lugares la realidad siempre triunfa sobre la teoría.

La pregunta es: ¿Por qué? ¿Por qué algunas áreas son más opresivas, más idólatras, más espiritualmente desoladas que otras? ¿Por qué las tinieblas parecen empecinarse en quedarse en donde lo hacen?

Una vez que uno empieza a hacer estas preguntas fundamentales, es fácil añadirles centenares, incluso miles, de situaciones específicas. ¿Por qué, por ejemplo, ha soportado Mesopotamia tan larga serie de gobernantes déspotas? ¿Por qué la nación de Haití es la lacra social y económica del hemisferio occidental? ¿Por qué las naciones andinas de América del Sur siempre parecen estar a la cabeza de las estadísticas mundiales de homicidios per cápita anualmente? ¿Por qué hay tanta actividad abiertamente demoníaca en los Himalayas y sus alrededores? ¿Por qué ha sido tan duro de entrar con el evangelio al Japón? ¿Por qué el continente asiático domina tanto la Ventana 10/40?

Toda iglesia local puede formular docenas de preguntas similares en su propia comunidad. No es difícil encontrarlas, una vez que consideramos que pudiera ser relevante preguntar tales cosas.

Por varios años mi búsqueda de respuestas a estas preguntas me ha llevado literalmente alrededor del mundo. Ha sido un viaje fascinante e instructivo que ha abarcado alrededor de cincuenta países y ha producido más de 35,000 páginas de material documental —incluyendo fotografías, libros, mapas, entrevistas y estudio de casos.

En el camino he visitado capillas, templos, monasterios, bibliotecas y universidades. He trepado montañas sagradas, examinado cementerios ancestrales, y remado al amanecer en el santo río Ganges. He escuchado historias de los lamas budistas tibetanos, brujos nativos de los Estados Unidos, y connotados dirigentes del movimiento de la Nueva Era. He comparado notas con misioneros y pastores nacionales que están en las mismas líneas del frente; he entrevistado antropólogos e historiadores de la prehistoria; y he urgado en la mente de expertos en todo lo imaginable, desde el shamanismo y la adoración a los antepasados en el Japón, hasta el islam folclórico, la geomancia y las peregrinaciones religiosas.

El resumen de este proceso, un libro y una serie de cintas magnetofónicas llamada *The Twilight Labyrinth* [El laberinto del crepúsculo][3], es el seguimiento natural de *The Last of the Giants* [El último de los gigantes] y el libro que ahora usted tiene en sus manos. Para quienes seriamente quieren identificar y erosionar los poderes de las fortalezas territoriales, esta obra ofrece la información más comprensiva hasta la fecha.

EL DESAFÍO DE LA INVESTIGACIÓN

Quienes han leído nuestros libros saben que Peter Wagner y yo concordamos plenamente en que la territorialidad espiritual tiene mucho que ver con la manera en que las cosas son en ciertas ciudades, naciones y regiones del mundo actual. Muchos otros —incluyendo pastores que oran, sacerdotes, misioneros prácticantes y profesores de teología— han llegado a una conclusión similar. Estimulante como es esto, sin embargo, muchas otras preguntas y tareas quedan todavía por considerarse.

Es provechoso pensar de este proceso en términos del investigador médico que acaba de identificar un cierto virus como un agente causante de cierta enfermedad en particular. Ha hecho un descubrimiento importante, pero todavía resta mucho trabajo arduo para que este conocimiento se traduzca en ayuda práctica para quienes sufren de la enfermedad en cuestión, o están procurando hallar un tratamiento para ella.

El primer paso usualmente es tratar y hallar cierto tipo de herramienta de diagnóstico que ayude a los médicos y pacientes a saber en las más tempranas etapas posibles con qué están tratando. Esto es útil para evitar andar adivinando a la ventura cuál tratamiento podría ser benéfico. Los diagnósticos

---

3. Información adicional sobre estos y otros productos de respaldo intercesor se puede conseguir de: El Grupo Centinela, P. O. Box 6334, Lynwood, WA 98036.

equivocados o enfermedades fantasmas son a la vez costosas y peligrosas.

El siguiente paso para los investigadores es dirigir su conocimiento de los procesos internos de la enfermedad a la búsqueda de una cura a la larga. Sabiendo qué causa un problema y cómo detectarlo puede al final llegar a ser una carga pesada si este conocimiento no es precursor de una resolución.

Reconocer el papel de la territorialidad espiritual, por consiguiente, es solamente el punto de partida para cualquier búsqueda de una comprensión de los por qué y los por tanto del moderno campo de batalla espiritual. Otras preguntas incisivas siguen vigentes. ¿Cómo, por ejemplo, se establecen las fortalezas espirituales? ¿Cómo permanecen a través del tiempo? ¿Cómo se reproducen en otras áreas?

Aun cuando no es posible en este breve capítulo responder en detalle a cada una de estas preguntas, podemos por lo menos cubrir lo básico. Al hacerlo así, nuestros punto de partida es una definición simple, pero crucial. ¿Qué es exactamente una fortaleza espiritual? Sin detenernos en la aplicación del término a la mente y a la imaginación, una observación estudiada de la variedad territorial revela dos características universales: «repelen la luz» y «exportan las tinieblas». (Cindy Jacobs describe en el capítulo 3 varias clases de fortalezas, pero aquí me estoy refiriendo al tipo territorial.)

Fortalezas territoriales son inherentemente defensivas *y* ofensivas en naturaleza. Mientras que sus tenebrosas murallas rechazan las flechas divinas de la verdad, los arqueros demoníacos están afanados disparando flechas flamígeras en dirección de los blancos desprotegidos al otro lado. Mientras que sus campos de prisioneros espirituales albergan miles de cautivos bajo encantos, el comando maligno y los centros de control están soltando multitud de engaños por medio de las huestes espirituales de maldad que emplean.

EL ESTABLECIMIENTO DE
FORTALEZAS ESPIRITUALES

Para entender por qué las cosas son como son actualmente debemos primero examinar lo que sucedió ayer. Concluir que las fortalezas territoriales existen no es suficiente. Debemos también resolver el acertijo de su origen. ¿De dónde vienen? ¿Cómo fueron establecidas?

El punto de partida obvio para este estudio es Babel. Porque según se nos informa en Génesis 11, fue de la llanura de Sinar en la antigua Mesopotamia que un pueblo geográficamente coherente fue dispersado por Dios a los cuatro puntos cardinales. Pero, ¿qué les ocurrió a estas naciones antiguas que migraron de Babel? Los artefactos y tradiciones orales antiguas ¿ofrecen algún indicio? Y, si lo dan, ¿tendrán alguna relevancia en nuestro intento de comprender los orígenes de las fortalezas territoriales?

Antes de avanzar más debo destacar un hecho adicional que afecta nuestra discusión. Poniéndolo en forma simple, a los demonios se los halla en dondequiera que hay gente. No hay razón para que estén en ningún otro lugar. No hallamos evidencia alguna, ni en las Escrituras ni en la historia, de que estén interesados en la creación inanimada o no moral, tales como montañas, ríos, cuevas, estrellas o animales, a menos que la gente esté allí. Su mandato encarnizado es robar, matar y destruir lo que es precioso para Dios; y claramente los seres humanos creados a la imagen divina están a la cabeza de la lista de cosas valiosas.

Esta es la explicación fundamental para las tinieblas que parecen engolfar tantas de las ciudades del mundo. Dondequiera que la gente se reúne en multitud, los demonios serán atraídos por el rastro. ¿No fue acaso esto por lo cual Babel atrajo una intervención tan radical y súbita de Dios? ¿Es difícil imaginar que la concentración única de humanidad en Sinar haya precipitado la más numerosa asamblea de poderes demoníacos de la historia?

Aun cuando poco se sabe respecto a los movimientos originales de los primeros grupos de personas que salieron de Mesopotamia, lo que sí sabemos sugiere por lo menos un común denominador en su experiencia, traumas. Para algunos fue la imposibilidad de atravesar las murallas prohibitivas de las montañas que bloqueaban su camino. Para otros fue la súbita falta de sustento resultante de las severas condiciones climáticas. Otros más se encontraron enredados en mortal combate.

Cualesquiera que hayan sido estos antiguos traumas, siempre tuvieron el efecto de poner a la gente frente a frente con su desesperación. ¿Cómo resolvieron el reto? Cada caso está cargado de implicaciones morales. Cada circunstancia fue una oportunidad para un pueblo específico, en un lugar determinado de volverse a Dios en arrepentimiento, estableciéndolo de este modo como su legítimo gobernante y único libertador.

Desafortunadamente, las postraciones en cilicio de Nínive han demostrado ser una rara excepción a la regla. La abrumadora mayoría de gentes, en toda la historia, ha elegido cambiar las revelaciones de Dios por una mentira. Prestando oídos a las seducciones de demonios, han escogido en su desesperación entrar en pactos *quid pro quo* con el mundo de los espíritus. A cambio del consentimiento de una deidad en particular de resolver sus traumas inmediatos, han ofrecido su lealtad singular y continua. Colectivamente han vendido su almas proverbiales.

Es mediante la colocación de estos felpudos de bienvenida antiguos, entonces, que se establecieron las fortalezas territoriales demoníacas. La base de la transacción es enteramente moral. La gente tomó una decisión consciente de suprimir la verdad y creer en una falsedad. Al final fueron engañados porque optaron por dejarse engañar. Peter Wagner elocuentemente elabora sobre esto en el próximo capítulo al hacer la exégesis de Romanos 1.18-25.

Debido a que muchos de los más antiguos pactos entre los pueblos y los poderes demoníacos fueron realizados en Asia, y esta ahora tiene en su territorio los más grandes centros de población del mundo, no debería sorprendernos que el continente al presente domine la gran frontera inalcanzada que se conoce como la Ventana 10/40. La población y la longevidad del pacto tienen mucho que ver con el atrincheramiento territorial de las tinieblas espirituales.

EL MANTENIMIENTO DE FORTALEZAS TERRITORIALES

Que las dinastías de tinieblas existan es un triste hecho de la historia. La pregunta que plaga a muchas personas es qué es lo que las sostiene. Si las opciones equivocadas de las generaciones primeras permitieron que estas fuerzas demoníacas entraran en ciertos vecindarios, ¿cómo han logrado estos poderes maléficos mantener sus derechos de inquilinos a través de los siglos o milenios? Dicho de otra manera, ¿cómo se las arreglan para conseguir extensiones de su arrendamiento después de que las personas que firmaron los documentos originales han fallecido?

Una respuesta principal a esta pregunta se halla en la transferencia de autoridad que tiene lugar durante los festivales religiosos, ceremonias y peregrinajes. He escrito extensamente sobre el tema en *The Twilight Labyrinth* [El laberinto del crepúsculo], y una guía cronológica de estos eventos publicada por nuestro grupo, El Grupo Centinela, sirve como manual de contraataque para los intercesores.

Numerosos creyentes nacionales y misioneros a quienes he entrevistado testifican que durante estas actividades verdaderamente se libera poder espiritual.[4] Casi todos ellos hablan de un elevado sentido de opresión, incidentes más numerosos de persecución, y, ocasionalmente, manifestaciones completas de señales y prodigios demoníacos. Son tiempos difíciles, y los cristianos con quienes he hablado siempre se alegran cuando estos incidentes pasan. Solamente la

---

4. Testimonios específicos han sido compilados en Japón, Marruecos, Indonesia, Haití, India, Bhután, Egipto, Turquía, Nepal, Afganistán, Irán, Fiji, las reservaciones indígenas en los Estados Unidos y en otras partes.

oración y la alabanza parecen ser útiles, e incluso así, hay algunas veces en que se preguntan si las respuestas a sus oraciones no son interrumpidas por la misma clase de hombre fuerte que retrasó la respuesta de Dios a Daniel (véase Daniel 10.12, 13).

Debe notarse que los festivales, ceremonias y peregrinajes religiosos tienen lugar en alguna parte del mundo cada semana del año. Literalmente millares de estos eventos tienen lugar, desde celebraciones locales hasta asuntos regionales o internacionales. El «Día de las Brujas» y el Hajj musulmán son ejemplos reconocidos internacionalmente; festivales regionales menos conocidos, tales como el Kumba Mela en India, el Inti Raymi en Perú, y las celebraciones Bon del verano en Japón, también atraen nutridas multitudes de participantes.

Desempolvar los antiguos felpudos de bienvenida

Estas celebraciones decididamente no son los espectáculos culturales benignos, curiosos y coloridos que con frecuencia se quiere pretender que son. Son transacciones conscientes con el mundo de los espíritus. Son oportunidades para las generaciones contemporáneas de reafirmar las opciones, elecciones y pactos de sus antepasados. Son ocasiones de desempolvar los antiguos felpudos de bienvenida, y extender el derecho del diablo de regir hoy sobre pueblos y lugares específicos. No se debe subestimar la significación de estos acontecimientos.

Una vez que un pueblo se ha dado a vanas imaginaciones, los poderes demoníacos son veloces para animar las mitologías resultantes. En una manera semejante al de la obra «El Mago de Oz», agentes espirituales manipuladores practican el arte de gobernar desde las sombras detrás de las bambalinas. La autoridad y lealtad que se tributa a los llamados dioses protectores se absorbe rápidamente, y desde ese momento, la mentira produce su hechizo.

Desafortunadamente cientos de miles de niños al día

nacen en estos sistemas hechizados alrededor del mundo. Casi todos ellos crecen oyendo una mentira, pero es durante el curso de los ritos de pubertad e iniciación que muchos de ellos sienten su intensa succión gravitacional por primera vez. Al poder de la mentira, alimentado por la magia demoníaca, se le llama tradición; y es la tradición, a su vez, lo que sostiene a las dinastías territoriales.

Engaño adaptable

Importante como es la tradición para mantener las dinastías territoriales, sin embargo, no es el *único* medio que el enemigo usa para conseguir este fin. Otra estrategia igualmente importante es lo que llamo «engaño adaptable». Se emplea cuando la tradición, por cualquier razón, empieza a perder su potencia en una sociedad dada.

Los engaños adaptables son, dependiendo de cómo uno escoge verlos, o bien correcciones necesarias de curso, o actualización de la «línea de productos» del diablo. Funcionan debido a que la humanidad es propensa a probar cosas nuevas. Dicho más crudamente, y con las debidas disculpas de los aficionados a los felinos, el diablo ha aprendido que hay más de una sola manera para pelar un gato.

Dos ejemplos modernos de los engaños acomodables se encuentran en el folclor islámico y las «Religiones Nuevas Japonesas». El primero es una combinación de creencias animistas e islamismo, y muchas de las últimas presentan una síntesis curiosa de conceptos budistas y materialistas. En términos de números de adeptos o practicantes, ambos grupos han tenido éxito enorme.

Los engaños adaptables no *reemplazan* a la esclavitud ideológica preexistente, *la aumentan*. En este sentido son análogos, a nivel colectivo, al recuento bíblico del demonio que regresa a un vaso humano limpio con otros siete demonios más perversos que él mismo (Mateo 12.43-45; Lucas 11.24-26).

ESCLAVITUD PREVALECIENTE Y ESCLAVITUD DE RAÍZ

Ahora que estamos armados con una comprensión de los papeles que el engaño adaptable, la tradición y los festivales religiosos juegan para mantener las dinastías territoriales, debemos aprender una lección final. Tiene que ver con discernir la diferencia entre «esclavitud prevaleciente» y «esclavitud de raíz». Debido a la falta de enseñanza sobre este tema los guerreros cristianos a menudo se dejan desviar por las apariencias cuando tratan de identificar las fortalezas territoriales.

Un buen ejemplo de esto fue presentado por el crecido número de personas que insistían, hace algunos años, que la fortaleza espiritual sobre Albania era el comunismo stalinista. Aun cuando no hay duda de que el comunismo era la esclavitud *prevaleciente* en ese tiempo, también se daba ampliamente por sentado que era la fortaleza de raíz. El error de este razonamiento se hace obvio cuando uno considera que el comunismo no llegó a ser una ideología predominante en la nación sino hasta 1944. La significación de este hecho es que, vil y destructor como fue este sistema ateo, subsistió apenas unos 50 años. La historia de Albania, mientras tanto, se remonta hasta el ilírico bíblico y ha existido por varios miles de años.

Sistemas similares de aparición reciente pueden hallarse en Mesopotamia, Japón y otras áreas del mundo. Representan ideologías de superficie que vienen y van con el viento. Aun cuando no se las puede ignorar, tampoco se las debe tomar equivocadamente como el lecho espiritual que hay que romper para albergar esperanzas legítimas de ver invadidas exitosamente con el evangelio las fortalezas espirituales.

LA EXPANSIÓN DE LAS TINIEBLAS

Habiendo visto las preguntas de cómo se establecieron y se mantienen las fortalezas espirituales, ahora pasamos al tema de la expansión territorial. Aquí nos interesa saber si el reino de las tinieblas es geográficamente dinámico, y si lo es, cómo se reproducen en otras áreas las características de ciertas fortalezas.

En *The Twilight Labyrinth* [El laberinto del crepúsculo] dediqué un capítulo entero a las dinámicas territoriales. Lo titulé «El camino baniano» como sugiere el título, capté la idea del árbol tropical baniano, con sus ramas extendidas y raíces aéreas descendientes, como una excelente analogía de la manera en que se expande el reino de las tinieblas.

Empezando de un solo tronco masivo las sinuosas ramas del baniano, o higuera india, se extienden lateralmente en todas direcciones. De estas, y lo que es con seguridad la característica más destacada del árbol, raíces aéreas descienden a la tierra para formar nuevos troncos. Así el baniano puede moverse lateralmente grandes distancias, creando, como lo hace con frecuencia, una maraña impenetrable de ramas retorcidas como enredaderas y troncos.

Estas ramas que se extienden y descienden representan las dos maneras de expansión territorial que tienen lugar: «exportación ideológica» y «fortalezas inducidas por trauma». La exportación ideológica, una extensión lateral de las fortalezas territoriales, se logra mediante la propagación de influencia ideológica y espiritual a partir de sitios de trasmisión, o centros de exportación, en varias áreas del mundo. Ejemplos de tales centros incluyen el Cairo, Trípoli, Carbala, Qom y La Meca en el mundo musulmán; Alahabad y Varanasi en el mundo hindú; Daramsala y Tokio en el mundo budista; y Amsterdam, Nueva York, Paris y Hollywood en el mundo materialista. Mientras que los escudos deflectores de los valores judeocristianos por un tiempo evitaron que tal veneno penetrara demasiado profundamente en América del Norte, la erosión del compromiso cristiano en años recientes desafortunadamente ha llegado a significar que, en creciente número de instancias, el enemigo está ahora con nosotros.

Otra manera en que el enemigo expande su reino en el mundo es induciendo nuevos traumas. Habiendo aprendido de la experiencia pasada cuán eficazmente las circunstancias desesperadas pueden hacer que hombres y mujeres caigan en su red, con frecuencia usará la codicia, la lujuria y la deshonestidad de individuos depravados para crear crisis frescas.

Un ejemplo gráfico en el hemisferio occidental de una fortaleza inducida por trauma es Haití. Aprovechándose de la codicia de los integrantes de la tribu Efik y de los comerciantes franceses de esclavos, elevado número de africanos occidentales fueron traídos al Caribe y maltratados al punto de la desesperación. Escogiendo resolver su conflicto haciendo pactos frescos con el mundo de los espíritus, estos esclavos establecieron un sistema de adoración y gobierno secreto basado en el animismo, conocido como vudú. Hoy, las tétricas recompensas de este sistema son ampliamente conocidas, como Peter Wagner lo demostrará en el siguiente capítulo.

¿Podría ser que es el plan de Dios que su iglesia complete la Gran Comisión en el mismísimo terreno en que el mandamiento original fue dado a la primera familia terrena?

LA GENERACIÓN UMBRAL

Conforme los ejércitos del Señor Jesucristo empiezan a acometer la tarea restante de la evangelización mundial en la Ventana 10/40, es curioso que el centro geográfico de esta región debería ser el sitio del antiguo Edén (i.e, en el área de Irak, también véase Génesis 2.8-14). ¿Será que el plan de Dios es que su iglesia complete la Gran Comisión en el mismísimo lugar en que el mandamiento original fue dado a la primera familia terrena? (Véase Génesis 1.27-28.)

Cualquiera sea la respuesta, es claro que los guerreros cristianos que se atrevan a recorrer este sendero final enfrentarán formidable oposición de parte de un adversario implacable e invisible. Para que tenga éxito su misión de poner en libertad a los prisioneros hechizados necesitará información precisa respecto al comando del enemigo y sus centros de control, y el equivalente espiritual de las gafas militares de visión nocturna.

Es imposible desempacar tres años de espionaje de cartografía espiritual en un capítulo. No obstante, espero que esta información por lo menos alertará a aquellos lectores que están contemplando misiones inminentes de rescate respecto al hecho de que nuevas herramientas están llegando a estar disponibles para guiarlos en los recovecos y vueltas del laberinto del crepúsculo.

—PREGUNTAS DE REFLEXIÓN—

1. Converse sobre el concepto de «territorialidad espiritual». ¿Está usted de acuerdo en que las potestades espirituales del mal pueden haber sido asignadas por Satanás a ciertas regiones geográficas?
2. Este capítulo sugiere que los festivales religiosos pueden reforzar la autoridad de los poderes malignos sobre un área. Mencione todos los festivales de estos que pueda recordar, y converse sobre ellos.
3. ¿Ha experimentado usted alguna vez una sensación casi física de oscuridad y opresión en cierta área de su ciudad o nación? Converse con otras personas respecto a lo que usted sintió.
4. Las fortalezas demoníacas sobre una ciudad o nación pueden ser inducidas por traumas. ¿Puede usted pensar en algunos de tales traumas en la historia de su ciudad o nación que pudieran haber producido fortalezas?
5. Repase la distinción que George Otis, hijo, hace entre los conceptos que son «extrabíblicos» y los que son «contrarios» a la Biblia. ¿Concuerda usted con esa distinción?

Lo visible y lo invisible

por C. Peter Wagner

UN INTENTO DE VER AL MUNDO QUE NOS RODEA *como en realidad es*, no como parece ser. Esta es la descripción clásica de cartografía espiritual. Una presuposición importante detrás de la cartografía espiritual es que la realidad es más de lo que aparece en la superficie. Las cosas visibles de nuestra vida diaria: los árboles, las personas, las ciudades, las estrellas, los gobiernos, los animales, las profesiones, el arte, los patrones de conducta, son cosas de todos los días y se las da por sentado. Sin embargo, detrás de muchos de los aspectos visibles del mundo que nos rodea puede haber fuerzas espirituales, áreas invisibles de la realidad que tal vez tienen más significación final que lo visible.

El apóstol Pablo denota esto fuertemente cuando dice: «No mirando nosotros las cosas que se ven, sino las que no se ven; pues las cosas que se ven son temporales, pero las que no se ven son eternas» (2 Corintios 4.18).

Pablo dice que reconocer la diferencia entre lo visible y lo invisible evitará que «desmayemos» (véase 2 Corintios 4.16). ¿Desmayar respecto a qué? Menciona desmayar una vez más en el primer versículo de este capítulo, y luego lamenta que sus esfuerzos evangelizadores no son todo lo que él quisiera que fueran. «Nuestro evangelio está encubierto... entre los que se pierden», escribe. ¿Por qué? Porque «el dios de este mundo» ha cegado su entendimiento (véase 2 Corintios 4.3,4).

Entiendo que el mensaje de Pablo significa que debemos reconocer que la batalla esencial por la evangelización mundial es una batalla espiritual, y que las armas de esta guerra no son carnales sino espirituales. Debemos también reconocer que Dios nos ha dado un mandato para una guerra espiritual inteligente y agresiva. Si comprendemos esto, más se acelerarán los procesos de evangelización mundial. Comprender las diferencias entre lo visible y lo invisible es un componente importante del plan total de batalla para romper la opresión que el enemigo ha impuesto sobre las almas perdidas y que perecen.

ENCENDER LA IRA DE DIOS

El pasaje bíblico clave para distinguir entre lo visible y lo invisible, Romanos 1, es también un pasaje sobre la ira de Dios. Comprensiblemente, la ira de Dios no es uno de nuestros temas favoritos, de modo que no tenemos muchos libros sobre dicho tema, ni oímos muchos sermones al respecto. No obstante, la ira es un atributo de Dios. Esto significa que no es simplemente un arranque de talante que viene y se va, sino una parte de la misma naturaleza de Dios. Dios es un Dios de ira. También es un Dios de justicia, un Dios de amor, un Dios de misericordia y un Dios de santidad. La lista pudiera seguir interminablemente. Pero Romanos 1.18-32 trata con el Dios de *ira*.

Pablo dice: «La ira de Dios se revela desde el cielo contra toda impiedad e injusticia de los hombres que detienen con injusticia la verdad» (Romanos 1.18). Esta injusticia enloquecedora tiene que ver directamente con lo visible y lo invisible. Permítame explicarlo.

Dios creó el mundo para manifestar su gloria. Todo ser humano fue creado para glorificar a Dios. Los seres humanos ocupan un nivel más alto que otros objetos de la creación debido a que son las única criaturas creadas a imagen de Dios.

¿Por qué creó Dios al mundo? Creó al mundo para manifestar su gloria. Pablo explica que «por medio de las cosas hechas», o sea los aspectos visibles de la creación, «las cosas invisibles» de Dios «se hacen claramente visibles». Todo lo que vemos en la creación divina, sin excepción, fue originalmente creado para revelar «su eterno poder y deidad» (véase Romanos 1.19,20).

¿Qué significa esto para nosotros? Significa, para empezar, que todo ser humano fue creado para glorificar a Dios. Los seres humanos ocupan un nivel más alto que otros objetos de la creación debido a que son los únicos seres creados a imagen de Dios. Todo ser angélico también fue creado para glorificar a Dios. También lo fue todo animal, todas las plantas, los cuerpos celestes, las montañas, los témpanos de hielo, los volcanes y el uranio, apenas para mencionar unos pocos. La cultura humana también es una parte de la creación de Dios, diseñada para glorificarle. Trataré con algún detalle sobre esto en particular conforme progresa el capítulo.

LA CORRUPCIÓN DE LA CREACIÓN DE DIOS

El hecho del caso es que en nuestro mundo no todas las partes de la creación en efecto glorifican a Dios. Ciertos seres humanos han tomado las cosas creadas y las han corrompido para que no revelen más la gloria de Dios. La han cambiado «en semejanza de hombre corruptible, de aves, de cuadrúpedos y de reptiles» (Romanos 1.23). Dios está literalmente furioso cuando ve que lo que diseñó para su gloria se ha cambiado, específicamente, a seres humanos, aves, animales y reptiles. Cuando intencionalmente se hace que tales objetos visibles representen poderes sobrenaturales, desatan la ira de Dios.

Si trazamos las referencias a la ira de Dios a través de la Biblia, es claro que nada se acerca más a enfadar a Dios como «servir a la criatura antes que al Creador» (véase Romanos 1.25). Dios detesta especialmente que los seres humanos usen lo visible para glorificar a Satanás y a otros seres diabólicos. Apenas con leer Jeremías, capítulos 1 al 19, llenará de temor el corazón de cualquiera que se atreva a hacer algo tan horrible, como el pueblo de Judá se inclinaba a hacerlo a pesar de las advertencias de Jeremías. Decían a un árbol: «Mi padre eres tú; y a una piedra: Tú me has engendrado» (Jeremías 2.27). Esto le dolía tanto a Dios que lo consideraba como adulterio. «Tú, pues, has fornicado con muchos amigos» (Jeremías 3.1). Dios dijo: «La tierra fue contaminada, y [la nación de Israel] adulteró con la piedra y con el leño» (Jeremías 3.9).

No pienso que el orden de los Diez Mandamientos es una casualidad. Dios detesta el homicidio, el robo, la inmoralidad, la violación del día de reposo y la codicia. Pero todo esto viene después del mandamiento número uno y número dos: «No tendrás dioses ajenos delante de mí» y «No te harás imagen» (Éxodo 20.3,4). El primer mandamiento tiene que ver con lo invisible, y el segundo con lo visible.

Pienso que es seguro decir que no hay peor pecado que usar lo visible para dar honor y gloria a las potestades demoníacas. Nada provoca más la ira y el celo de Dios.

Japón y el sol naciente

Al Japón, por ejemplo, se le conoce como «la tierra del sol naciente». El sol, por supuesto, es un rasgo de la creación de Dios diseñado para glorificarle a Él. La bandera del Japón tiene nada más que el sol. Es el símbolo de la nación. Pero ¿glorifica a Dios el sol de la bandera del Japón? No. Se lo usa con el propósito intencional de glorificar a *Amaterasu Omikami*, la diosa del sol reconocida y entronada como el espíritu territorial que gobierna sobre el Japón.

La gente debería mirar a la bandera japonesa y decir: «¡Alabado sea Dios!» Al contrario la usan para glorificar a la criatura antes que al Creador.

Roca de lava hawaiana

Cuando dicté recientemente una conferencia sobre la guerra espiritual en Hawaii encontré que muchas personas tenían su interés centrado en las rocas, especialmente las de lava formadas por el volcán Kiluea. Deberían ver esas hermosas rocas de lava y decir: «¡Gloria sea a Dios! Nuestro Dios es un fuego consumidor». Él las creó.

Pero no. Muchos hawaianos ven las rocas y dicen: «¡Gloria a la diosa Pele! Si no le rendimos honor, nos consumirá con fuego». ¿La actitud de Dios? De acuerdo a Romanos 1 esto le enfurece grandemente.

El Gran Cañón

La mayoría de los cristianos de los Estados Unidos estarían de acuerdo que debido a sus rasgos naturales el Gran Cañón es inigualable como manifestación visible de la majestad de Dios. Pocos, sin embargo, reconocerían, como lo reconocieron David Y Jane Rumph, que alguna persona o personas sistemáticamente han corrompido el Cañón, y lo han hecho monumento de idolatría geográfica. En un artículo reciente dijeron que «la ira justa» hirvió en ellos al empezar a ver las fuerzas invisibles perversas ahora glorificadas por los rasgos naturales visibles. Lamentablemente la vasta mayoría de los rasgos del Gran Cañón llevan nombres de potestades y poderes de las tinieblas.

Algunos glorifican a los espíritus egipcios: la torre de Ra, la pirámide de Queops, el templo de Osiris; algunos glorifican las potestades hindúes: arroyo de Visnú, el templo de Rama, el templo de Krishna; deidades romanas y griegas: el templo de Júpiter, el templo de Juno, el templo de Venus, apenas tomando una muestra al azar. Añádase a esto el Arroyo Fantasma, el Cañón embrujado y el Arroyo del Dragón Cristal, y tendrá una fórmula segura para provocar la ira de Dios.

Me gusta la respuesta de los Rumph. Sugieren que debemos «en humildad arrepentirnos por nuestro pueblo debido a este pecado corporativo, declarar que ese lugar por derecho le pertenece a Dios, e interceder porque el Señor sea honrado allí mediante nuevos nombres».[1]

LA AFIRMACIÓN DE LA CULTURA

Vivimos mundialmente, y particularmente en los Estados Unidos, en un tiempo en que se está desarrollando un nuevo respeto por la cultura. Está llegando a ponerse de moda reafirmar la cultura y abogar por una sociedad multicultural. No se debe permitir que esto ciegue a los cristianos. Detrás de formas culturales, así como detrás de las rocas de lava de Hawaii, puede yacer el poder invisible del Creador o el poder invisible demoníaco. Si ignoramos esto podemos exponernos innecesariamente, y quedar vulnerables a las oleadas devastadoras de endemoniamiento de alto nivel.

La cultura humana, como ya he mencionado, es una parte de la creación de Dios. Por consiguiente, la cultura en y por sí misma es buena. Es uno de los elementos visibles

---

1. David y Jane Rumph, «Geographical Idolatry: Does Satan Really Own All This?» *Body Life*. [Idolatría geográfica: ¿Posee Satanás en realidad todo esto? Vida del cuerpo], junio de 1992, p. 13.

diseñados para glorificar al Creador. Esto es un punto tan crucial que quiero reforzarlo haciendo referencia tanto al Antiguo como al Nuevo Testamentos.

La torre de Babel

En Génesis se revelan los orígenes culturales. Hubo un tiempo, de acuerdo a Génesis 11, cuando la raza humana tenía solamente una cultura. Presumiblemente, sin embargo, el propósito original de Dios fue que la raza humana se esparciera por toda la tierra y se desarrollara en diferentes culturas. Pero la gente, fiel a su naturaleza caída, pensó que tenía un plan mejor que el de Dios. Así decidieron revertir el proceso de esparcirse consolidándose alrededor de una torre, la torre de Babel. Construyeron la torre explícitamente: «Por si fuéremos esparcidos sobre la faz de la tierra» (Génesis 11.4).

La torre era una estructura visible. ¿Qué era lo invisible? Los arqueólogos nos dicen que fue un zigurat típico, una estructura antigua bien conocida diseñada con propósitos de ocultismo. Querían una torre «cuya cúspide llegue al cielo» para poder atraer el poder satánico para el movimiento de un solo mundo que deseaban. Usaron lo visible para glorificar a la criatura antes que al Creador.

La reacción de Dios fue predecible. Se enfureció. De un solo golpe arruinó los planes de ellos al confundir sus lenguajes, y luego procedió a esparcirlos tal como se había propuesto. La raza humana acabó en la situación de que «las costas de las naciones se dividieron en sus tierras, cada uno conforme a su lengua, según sus familias, en sus naciones» (Génesis 10.5).

Los eruditos bíblicos están divididos actualmente respecto a si las culturas humanas actuales son un *castigo* de Dios (el plan B de Dios) o *un propósito de Dios* (el plan A de Dios). Yo creo que las culturas son una parte del propósito creador de Dios, el plan A. En Babel Dios no *cambió* sus planes de largo alcance, simplemente *los aceleró*. En mi opinión lo que pudiera haber tomado siglos o milenios ocurrió en un instante.

Por un lado, no es extraño que Dios produzca diversidad. Observe las diferentes clases de mariposas que Él creó. O peces. O flores. El mundo es un mundo mucho mejor con diversidad que sin ella. Las diversas culturas encajan en el modelo.

El don redentor

Cada cultura o cada grupo de personas o cada nación hace una contribución que ningún otro puede hacer. Muchos, siguiendo la obra pionera de John Dawson en *La reconquista de tu ciudad*, se refieren a esta unicidad cultural como el «don redentor».[2] Una parte crucial de la cartografía espiritual es identificar el don redentor o, como algunos lo dicen, el propósito redentor de una ciudad o una nación u otras redes de seres humanos. En realidad, es la parte *más crucial*. A fin de cuentas nuestra meta no es exponer las fortalezas satánicas, desenmascarar los engaños del ocultismo, procurar levantar cartografía espiritual o atar principados y poderes. Nuestra meta es restaurar la gloria de Dios en cada detalle de su creación. Conocer el don redentor de Dios provee dirección específica y positiva a nuestra oración y a otras actividades en la guerra espiritual.

Nuestra meta es restaurar la gloria de Dios en cada detalle de su creación. Conocer el don redentor de Dios provee dirección específica y positiva a nuestra oración y a otras actividades en la guerra espiritual.

Si subsiste alguna pregunta respecto a si las culturas

---

2. John Dawson, *La reconquista de tu ciudad*, Editorial Betania, Miami, FL 1991, p. 39.

humanas fueron una parte del propósito intencional de Dios, debe quedar resuelta por los comentarios del apóstol Pablo en la colina de Marte en Atenas. Allí afirma: «Y de una sangre [Dios] ha hecho todo el linaje de los hombres, para que habiten sobre toda la faz de la tierra; y les ha prefijado el orden de los tiempos, y los límites de su habitación» (Hechos 17.26). Y ¿cuál fue el propósito de Dios al hacer tantos grupos de pueblos diferentes o culturas? «Para que busquen a Dios» (Hechos 17.27). Fue claramente un propósito redentor.

Las malas noticias: La cultura ha sido corrompida

Las buenas noticias son que las culturas son diseñadas para glorificar a Dios. Las malas noticias son que en su mayoría no lo hacen. Satanás ha tenido éxito en corromperlas. La meta principal de Satanás es evitar que Dios sea glorificado. Lo hizo primero provocando la caída de Adán y Eva, corrompiendo la misma naturaleza humana que fue creada a imagen de Dios. Luego, usando multitudes de seres humanos depravados, ha continuado con su perversa actividad a nivel de la sociedad como un todo.

Pablo sigue con su tema en su sermón en la colina de Marte, un sermón entero sobre lo visible y lo invisible. Lo predicó porque «su espíritu se enardecía viendo la ciudad entregada a la idolatría» (Hechos 17.16). En este sermón Pablo destaca dos formas comunes de cultura que con frecuencia se usan para glorificar a las fuerzas demoníacas de las tinieblas: templos y arte. Atenas estaba llena de templos pero, puesto que Dios «es Señor del cielo y de la tierra, no habita en templos hechos por manos humanas» (Hechos 17.24). Atenas era conocida por su arte, pero «no debemos pensar que la Divinidad sea semejante a oro, o plata, o piedra, escultura de arte y de imaginación de hombres» (Hechos 17.29).

Ciertamente que tanto la arquitectura como el arte pueden glorificar a Dios, y en su medida lo hacen. Pero también pueden ser instrumentos principales para glorificar a la criatura, Satanás y sus huestes, antes que al Creador.

Los antropólogos analizan cosas tales como la arquitectura y el arte, tanto como la conducta humana en varias culturas. Pueden distinguir, con frecuencia bastante acertadamente, formas, funciones y significados de los componentes culturales. Pero incluso los mejores científicos sociales pueden tratar únicamente con lo visible. Ir más allá de eso requiere una dimensión ajena a la antropología cultural; exige discernimiento de espíritus. La antropología ve a la cultura *como parece ser*, mientras que la cartografía espiritual intenta ver a la cultura *como realmente es*.

Los primeros misioneros, no estando tan cimentados en la antropología cultural como los misioneros actuales, cometieron una equivocación común. Al entrar en otra cultura sabían que había un enemigo, y equivocadamente concluyeron que el enemigo era la cultura. Hicieron lo mejor que pudieron, pero dejaron detrás muchas cosas que todos lamentamos ahora. Hoy entendemos que la cultura no es el enemigo, sino Satanás. Nuestra tarea central es discernir en dónde lo *invisible* ha corrompido *lo visible*, y tratar con esto mediante un encuentro de poder (2 Corintios 10.4,5). Nuestra meta es bloquear la obra de Satanás, y traer al frente el don redentor de Dios, no destruir la cultura.

REAFIRMAR LAS CULTURAS EN LOS ESTADOS UNIDOS

No se requiere mucho discernimiento de espíritus para saber que una de las más poderosas fortalezas que el enemigo tiene en la cultura de los Estados Unidos se remonta a los días de la esclavitud y actualmente se manifiesta con igual fuerza en el racismo. Hemos buscado, y continuaremos buscando, métodos y medios políticos para sobreponernos a esta corrupción social, pero parece que cada paso hacia adelante produce un paso hacia atrás de igual magnitud.

La «Proclamación de la Emancipación» que Lincoln emitió en 1863 libertando a los esclavos fue un paso hacia adelante. Pero luego la supremacía blanca resultante que desarrolló modelos culturalmente perversos tales como la «asimilación» (i.e, los negros deben llegar a ser como los blancos para poder ser aceptados), o lemas equivocados tales como «Los Estados Unidos son un crisol de fundición» (i.e, todos los estadounidenses son iguales) fue claramente un paso hacia atrás. Mezcló una cosa buena: «todos debemos ser ciegos a los colores» con una cosa mala: «somos ciegos a nuestro racismo».

Llevó cien años, hasta que el «Movimiento de los Derechos Civiles» de la década de los sesenta empezó a descartar estas ideas. Empezamos a darnos cuenta de que el negro es hermoso y que los negros pueden ser negros y todavía ser buenos estadounidenses. Empezamos a reafirmar la cultura afroestadounidense, tanto como las culturas de otras de las minorías que habitan en los Estados Unidos. Esto fue un paso hacia adelante. El paso hacia atrás, que es tan nuevo que muchos todavía no se dan cuenta del mismo, es una apertura peligrosa, y hasta cierto punto ingenua, al paganismo. Aquí es donde se relaciona directamente a lo visible y lo invisible.

Exagerar la tolerancia

La tolerancia es lo opuesto a la discriminación. En el esfuerzo por reafirmar el pluralismo cultural, la tolerancia se convierte en un alto valor. Grupos intolerantes, tales como el Ku Klux Klan, se consideran hoy desviaciones sociales desafortunadas. Esto es un paso hacia adelante.

Mi temor es que cuando la tolerancia empieza a exagerarse, puede llevarnos *dos* pasos en retroceso, y el fin puede ser peor que el principio. Esto es debido a que las formas visibles de cultura pueden ser neutrales y dignas de tolerancia, pero no es cierto para todas las formas de poderes espirituales invisibles que están detrás de ciertas formas culturales. Salomón descubrió esto cuando trajo a su harem mujeres de diferentes culturas. Las mujeres y el arte y los artefactos que trajo de sus culturas paganas eran una cosa. Las potestades y poderes demoníacos que vinieron junto con todo eso eran otra cosa, y a la larga condujeron a la caída de Salomón (1 Reyes 11.4-10). Lo invisible vino junto con lo visible.

Se espera que los buenos ciudadanos de los Estados Unidos en la actualidad toleren cualquier cosa, desde los estilos de vida de los homosexuales hasta las religiones orientales. Multiculturalismo es el santo y seña en las universidades. Periodistas, artistas, profesores y jueces deben ser «correctos políticamente». Nótese a dónde nos lleva esto. Cuando la tolerancia es suprema, lo único que no se tolera es la intolerancia. El cristianismo, por naturaleza, es visto como intolerante porque afirma que Dios es absoluto, que su Palabra es verdad, que su moralidad es normativa, y que únicamente por medio de Jesucristo pueden los seres humanos perdidos recuperar su relación personal con Él. El cristianismo es cualquier cosa, menos políticamente correcto.

Por esto no podemos orar o leer nuestras Biblias o colocar carteles con los Diez Mandamientos en nuestras escuelas públicas. Es por esto que la Universidad de Washington está pidiendo a los líderes de la Cruzada Universitaria que firmen formularios en los cuales se les exige que abran su liderazgo a todos los estudiantes, independientemente del credo religioso y orientación sexual de éstos. Tim Stafford informa: «En la Universidad de Stanford la gente puede decir casi cualquier cosa que desee respecto a varones blancos o fundamentalistas religiosos, pero ay del individuo que dice o hace algo que se considere ofensivo a los oprimidos: mujeres, homosexuales, los lisiados o personas de color».[3]

---

3. Tim Stafford, «Campus Christians and the New Thought Police», *Christianity Today* [Cristianos universitarios y la policía del Nuevo Pensamiento, Cristianismo hoy], 10 de febrero de 1992, p. 15.

Esto ya es suficientemente malo, pero más alarmante es que estas actitudes están introduciéndose subrepticiamente en la principal corriente del cristianismo. Investigación reciente realizada por George Barna reveló que solamente el 23% de los cristianos evangélicos nacidos de nuevo ¡creen que hay algo que se llama la verdad absoluta![4] No sorprende que algunos estén cuestionando la necesidad de evangelización agresiva. ¡Tal vez la fe en Jesucristo como Señor y Salvador no es en realidad tan crucial después de todo!

Visto a la luz de lo visible y lo invisible, esto no es un juego cultural que estamos jugando. Reinventar el paganismo e introducirlo en nuestra sociedad a guisa de tolerancia provee fortaleza para que los espíritus territoriales invadan y tomen el control. Corteja la demonización de la sociedad y a fin de cuentas el desastre para el pueblo.

¿Qué hacen los poderes de las tinieblas?

¿Cuán peligroso es esto? Cuando las fuerzas demoníacas controlan la sociedad pueden ocurrir muchas cosas. Estamos viendo unas cuantas de ellas desarrollarse ante nuestros ojos en los Estados Unidos. Por ejemplo:

1. Pueden provocar una resurgencia del racismo en formas nuevas e incluso más violentas. Las minorías pueden tornarse en contra de otras minorías, tales como conflictos entre los afroestadounidenses y coreanoestadounidenses, o entre hispanoestadounidenses y afroestadounidenses.

2. Puede desviar los sistemas legislativo y judicial para legalizar los derechos de grupos de presión, sin que importe cuán dañinas pudieran ser a la larga dichas causas para la sociedad como un todo. Derechos de los animales exagerados, derechos de homosexuales y lesbianas, trivialidades ambientales

---

4. George Barna, *What Americans Believe* [Lo que creen los estadounidenses], Regal Books, Ventura, California, 1991, p. 84.

y aborto por conveniencia, son cosas que se ven como políticamente correctas.

3. Pueden abrir las puertas a la decadencia moral. Cuando la gente adora a la criatura y no al Creador, la moralidad naufraga tal como Romanos 1 revela en términos nada ambiguos. La sociedad pueden tornarse tan mala que Dios abandona al pueblo. Tres veces en Romanos 1 Pablo repite: «Dios los entregó». Los entregó, ¿a qué?: (1) «a la inmundicia, en las concupiscencias de sus corazones, de modo que deshonraron entre sí sus propios cuerpos» (Romanos 1.24); (2) «cometiendo hechos vergonzosos hombres con hombres» (1.27); (3) «una mente reprobada, para hacer cosas que no convienen» (1. 28); y a esto sigue una de las listas más repulsivas que se hallan en la Biblia respecto a las prácticas de pecado. Lastimosamente, cada asunto mencionado en esta lista se puede hallar en las primeras páginas de los periódicos de nuestras ciudades en los Estados Unidos actualmente.

EL RETO DEL DISCERNIMIENTO ESPIRITUAL

En un ambiente nacional e internacional en donde se afirman las culturas y se espera la tolerancia, ¿dónde trazamos la línea? Por un lado, queremos afirmar la cultura. Después de todo, Dios creó cada cultura y le dio un don o dones redentores para su gloria. Por otro lado, queremos desenmascarar los engaños satánicos que están impidiendo que surja la gloria de Dios. Queremos identificar las fortalezas y, siguiendo los principios bíblicos para la guerra espiritual, derribarlas y entregar notificaciones de desalojo a las fuerzas espirituales que se escudan tras ellas (2 Corintios 10.3-5; Efesios 6.12). Mientras más hábiles seamos en la cartografía espiritual, más eficaces seremos para enfrentar tal reto.

Algunas veces saber en dónde trazar la línea es relativamente fácil. Puede hacerse con sentido común espiritual.

En otras ocasiones es una situación delicada que requiere dones espirituales tales como el de profecía o discernimiento de espíritus, tanto como considerable experiencia en el campo. Permítame dar uno bíblico personal y un ejemplo bíblico respecto a trazar esta línea.

Limpieza de la sala de los Wagner

Los que han leído otros libros de esta serie saben que Doris, mi esposa, y yo hemos tenido que bregar con espíritus malos en nuestra casa en Altadena, California. En uno de los libros de esta serie, *Escudo de oración* (Editorial Betania), relaté en detalle la historia de mi caída de una escalera en la cochera, y cómo creo que la intercesión de Cathy Schaller en esos momentos literalmente me salvó la vida. La evidencia apunta a que lo atribuya a la obra directa de un espíritu malo. En otro libro, *Oración de guerra* (Editorial Betania), cuento cómo Doris en realidad vio un espíritu en nuestro dormitorio y cómo Cathy Schaller y George Eckart subsecuentemente vinieron a nuestra casa y exorcisaron los espíritus.

Cathy y George habían hallado más espíritus en nuestra sala que en las otras habitaciones. Cuando se fueron, sentí que habían sacado a todos, excepto uno, el cual ellos discernieron que estaba ligado a un puma de piedra de la cultura andina quechua que habíamos adquirido mientras éramos misioneros en Bolivia. El puma no era ninguna antigüedad, sino apenas una reproducción para turistas, pero sin embargo lo invisible evidentemente se había ligado a lo visible. Además del puma teníamos como decoraciones en la pared dos máscaras que usaban los indios chiquitanos, y dos lámparas de madera tallada representando la cultura india aymará.

Cuando Doris y yo regresamos del trabajo a casa ese día tuvimos que tomar varias decisiones. ¿En dónde trazamos la línea? Teníamos tres juegos diferentes de objetos de arte procedentes de tres culturas bolivianas.

1. *El puma.* Creyendo que un espíritu malo se había

ligado al puma, la decisión fue simple. El puma tenía que desaparecer. Lo llevamos al patio, lo redujimos a pedazos y lo echamos en la basura.

2. Las máscaras. Si el discernimiento de Cathy y George era acertado, no había ningún espíritu ligado a las máscaras. Sin embargo, éstas no eran reproducciones para turistas. Habían sido en efecto usadas por los indios chiquitanos en sus ceremonias animistas con el propósito de glorificar sus espíritus tribales. Incluso con lo poco que sabíamos en esos días nos pareció que había razón suficiente para deshacernos de las máscaras, y así lo hicimos.

3. Las lámparas. Las lámparas eran otro asunto. Eran hermosas obras nativas de arte. Eran reproducciones talladas y barnizadas de *Inti*, el dios sol, uno de los espíritus territoriales de los indios aymará en los Andes. Eran quizá los artículos más costosos que trajimos al regresar de Bolivia. Encajaban perfectamente con nuestra decoración. No estaban con demonios como lo estaba el puma. De modo que conversamos sobre el asunto, y decidimos que debíamos considerarlas como arte nativo y no como ídolos u objetos inmundos. Nos quedamos con las lámparas.

Las conservamos hasta que Cindy Jacobs nos visitó por primera vez. Cindy, la autora del capítulo que sigue respecto a las fortalezas demoníacas, estaba muy por delante de Doris y yo en su discernimiento de espíritus y en el conocimiento de cartografía espiritual. Entró en nuestra sala y con una expresión más bien de estupefacción dijo, apuntando a las lámparas: «¿Qué hacen esas cosas aquí?» Le explicamos que eran nada más que recuerdos inocuos de nuestros días en Bolivia. Entonces Cindy dijo con gentileza: «Pues bien, ¿por qué no oran al respecto?», y no volvió a mencionar el asunto.

Después de que Cindy se fue, oramos. Esta vez Dios nos dirigió a abordar en forma diferente nuestra decisión. Finalmente nos dimos cuenta de que nunca nos habíamos hecho la pregunta más crucial: ¿Glorifican en verdad estos objetos a Dios? A la luz de lo que para entonces entendíamos como la verdad bíblica respecto a lo visible e invisible, la respuesta obviamente era que no. Las manos que habían fabricado las lámparas, hábiles como pudieron ser, «cambiaron la gloria del Dios incorruptible en semejanza de imagen de hombre corruptible» (Romanos 1.23). El resultado neto fue dar gloria al dios sol *Inti*, quien es criatura, antes que al Creador. ¡Teníamos que deshacernos de las lámparas!

Más tarde leímos Deuteronomio 7.25,26, que se refiere a las «esculturas de sus dioses», exactamente lo que los *Intis* eran. Dice que son «abominación a Jehová tu Dios». Y luego: «No traerás cosa abominable a tu casa, para que no sean anatema; del todo la aborrecerás y la abominarás, porque es anatema». Vimos claramente cuán equivocados estábamos al considerar las lámparas como arte nativo inocuo.

Limpiamos nuestra casa. Fue tan solo hace poco que nuestra hija Becky, ya adulta, nos contó que cuando niña nunca iba sola a la sala. En ese entonces no podía verbalizar, pero percibía que estaba contaminada con poderes de las tinieblas. ¡Qué ignorantes padres fuimos!

Cómo trazó Pablo la línea

Parece que los cristianos corintios eran tan ignorantes respecto a lo visible y lo invisible como lo eran los Wagner. En su contexto el problema surgió con la carne que había sido ofrecida a los ídolos. En 1 Corintios 8–10 Pablo les ayudar a saber dónde trazar la línea.

Debemos entender que los aspectos visibles del asunto, o sea, los ídolos y la carne, no eran el problema principal. Pablo hace una pregunta retórica: «¿Qué digo, pues? ¿Que el ídolo es algo, o que sea algo lo que se sacrifica a los ídolos?» (1 Corintios 10.19). La respuesta obvia es no. El problema real eran los demonios invisibles detrás de esas cosas.

Los corintios podían obtener ordinariamente carne ofrecida a ídolos en tres lugares: (1) en el mercado público, (2) en casas de amistades en ocasiones sociales, y (3) en el mismo templo del ídolo. ¿Dónde debían trazar la línea?

1. El mercado público. Entre y compre la carne sin hacer preguntas... (Véase 1 Corintios 10.25.)

2. Al comer en la casa de alguna amistad. Coma la carne si nadie levanta la cuestión. No obstante, si se anuncia el hecho de la carne fue ofrecida a ídolos, no la coma. (Véase 1 Corintios 10.27, 28.)

3. En el templo del ídolo. No lo haga. ¿Por qué? Porque aun cuando los espíritus invisibles tal vez no estén presentes en la carne en sí misma o en el comedor del amigo, definitivamente sí están presentes en los templos de los ídolos. Pablo dice: «que lo que los gentiles sacrifican, a los demonios lo sacrifican». Luego procede a decir: «No quiero que vosotros os hagáis partícipes con los demonios» (1 Corintios 10.20).

No siempre es fácil saber en dónde trazar estas líneas. Pero es siempre sabio hacerse tres preguntas cuando hay alguna duda:

- ¿Pudiera esto abrirme directamente a la influencia demoníaca?
- ¿Da esto alguna apariencia de mal?
- ¿Glorifica esto a Dios?

Límites de autoridad

Trazar la línea es una cosa. Tomar acción directa en contra de un objeto o conducta es otra muy diferente. Yo pude destruir los artefactos que habían en mi sala porque era el dueño legal, y por lo tanto estaban bajo mi autoridad. Ni Becky ni Cindy podían haber tomado la iniciativa, a pesar de que les hubiera gustado enormemente hacerlo. En muchas situaciones de la vida la presencia de objetos visibles que glorifican a la criatura antes que al Creador es algo que se da por sentado y no podemos hacer nada al respecto.

Por ejemplo, el edificio en que Doris y yo tenemos las oficinas de nuestro «Sendero de Oración Unida del Movimiento del Año 2000 A.D.» exhibe una estatua groseramente inmoral en su entrada. Es más, el dedo de ese individuo indeseable apunta directamente a mi oficina. Si yo tuviera la autoridad ciertamente eliminaría esa estatua y la destruiría. Pero no puedo hacerlo. De modo que, puesto que no puedo tratar con lo visible, tengo que lidiar con lo invisible.

Doris y yo invitamos a Cindy Jacobs a que se nos uniera para la limpieza de la oficina cuando nos mudamos allá. Ella rompió el poder de los espíritus dentro de la oficina y ató cualquier fuerza de oscuridad ligada a la estatua. Desde entonces las oficinas han gozado de paz y son agradables. Si hay todavía un poder invisible detrás de la estatua o no, no lo sé. Pero sí sé que ahora estamos protegidos por haber tomado autoridad en el nombre de Jesús sobre la parte que alquilamos del edificio.

DEMONIZACIÓN NACIONAL

He intentado recalcar que ignorar la realidad de los poderes invisibles detrás de los aspectos visibles de la vida diaria puede tener efectos serios e incluso devastadores tanto en el individuo como en la sociedad. Dos naciones han tomado recientemente acciones insensatas al más alto nivel de gobierno para invitar potestades demoníacas a que se apoderen de su tierra: Haití y Japón.

Haití

Haití ha sido por mucho tiempo la nación más pobre del hemisferio occidental. A través de los años la religión traída por la iglesia católica no ha tenido ningún beneficio. La vigorosa obra misionera protestante tampoco ha surtido efecto. La política no ha servido. La ayuda foránea tampoco. Tal vez el rayo más grande de esperanza para Haití por un mejor futuro vino en diciembre de 1990 cuando Jean Bertrand Aristide llegó a ser el primer presidente elegido democráticamente en la historia de ese país. De una lista de 11 candidatos, él recibió el 67 por ciento de los votos, un fenómeno del que relativamente no se ha oído en elecciones con partidos múltiples.

Las cosas parecían mejorar. Unos pocos meses después de la toma del poder por Aristide, Jim Shahim informó: «Haití parece ser un lugar diferente». Las violaciones de los derechos humanos habían disminuido. El éxodo de personas en botes había cesado. Aristide, en una visita a París, recibió promesas de 500 millones de dólares para una variedad de proyectos. La gente empezaba a hablar de la nueva actitud. Incluso uno de los oponentes políticos de Aristide le llamó: «Nuestro mesías de esperanza».[5]

Preservar las raíces culturales. Entonces Aristide, a sabiendas o no, puesto que también es sacerdote católico, cometió una seria equivocación espiritual. El 14 de agosto de 1991 oficialmente pidió al más destacado brujo de vudú en Haití que presidiera una celebración nacional de la ceremonia vudú de Boukmann para rededicar la nación de Haití a los espíritus de los muertos. La ceremonia típicamente incluye sacrificios de animales, y, según algunos, de seres humanos. ¿Por qué? Supuestamente para «preservar las raíces culturales de Haití».

Alrededor de un mes más tarde, el 29 de septiembre de 1991, Aristide fue depuesto por un golpe de estado militar. Haití cayó en picada socioeconómica. Se le impuso un embargo internacional. La economía normal prácticamente desapareció. Miles de millares de empleos se esfumaron. Meses después del golpe de estado Howard W. French reportó: «Puerto Príncipe, una ciudad normalmente bulliciosa, ahora parece ser una ciudad fantasma».[6] Los servicios públicos se suspendieron por falta de gasolina, y la basura se apilaba en las calles. Muchos inversionistas extranjeros

5. Jim Shahim, «Island of Hope», *American Way* [Isla de esperanza, Camino estadounidense], 1 de octubre de 1991, p. 57.
6. Howard W. French, «Haití pays dearly for Aristide's overthrow» [Haití paga caro por el derrocamiento de Aristide], *Pasadena Star News*, 25 de diciembre de 1991, n.p.

abandonaron totalmente Haití. La nación alcanzó su punto más bajo en la escala de la miseria humana.

¿Qué ocurrió realmente? Los analistas políticos están adiestrados para ver lo *visible*. Dicen que Aristide fue depuesto por los ricos debido a que es un teólogo de la liberación y favorecía a los pobres. O que los oficiales militares se pusieron en su contra debido a su política contra las drogas y su deseo de formar una unidad de seguridad fuera del control del ejército. Hay otras razones.

Los cartógrafos espirituales, sin embargo, ven *lo invisible*. Aun cuando no se niega la validez del análisis político, ven detrás del mismo la obra siniestra de los poderes espirituales usando para sus propios fines a los seres humanos, y las estructuras sociales tales como la milicia. No solamente los que practican el vudú, sino los espíritus territoriales que rigen sobre Haití aceptaron encantados la invitación presidencial para endemoniar a toda la nación. Una vez que tuvieron sus fortalezas legales para sacrificar las masas de Haití mediante el robo, el homicidio y la destrucción, no tenían ya más uso para su «amigo» Jean-Bertrand Aristide, y lo echaron en la pila de desechos políticos. Su plan de «reafirmar la cultura de Haití» le resultó un tiro por la culata debido a que no pudo discernir el mal invisible del bien visible.

Japón

Una vez le pregunté a David Yonggi Cho por qué pensaba él que las iglesias crecían tan rápidamente en Corea pero no en Japón. Su respuesta me sorprendió. Aun cuando reconocía que hay muchas razones, una, sugirió él, era el serio daño causado a la cultura tradicional coreana debido a los 36 años de ocupación japonesa y subsecuentemente a través del comunismo procedente del norte. El cristianismo creció relativamente sin oposición del paganismo tradicional coreano.

Por otro lado, la cultura del Japón ha existido virtualmente sin interrupción por 3,000 años. El paganismo está profundamente arraigado en la trama y urdimbre de la nación. Los espíritus que rigen sobre Japón se han salido con la suya y no están listos para permitirle al cristianismo más que una presencia simbólica.

El más serio retroceso para los espíritus territoriales japoneses vino durante un período de siete años después de la Segunda Guerra Mundial. A pesar de la fachada budista los espíritus más profundamente atrincherados en el Japón indudablemente son las potestades que controlan el sintoísmo, que es una forma espiritualizada de nacionalismo. La principal figura visible empleada por estos ángeles de las tinieblas es el emperador. En la mente popular el emperador era una deidad en sí mismo. Pero como parte del proceso de paz de la Segunda Guerra Mundial públicamente negó esta posición y el gobierno japonés aceptó separarse oficialmente de cualquier institución religiosa, incluyendo el sintoísmo. El general MacArthur pidió miles de misioneros cristianos, muchos fueron, y el cristianismo creció bien por lo que ahora se conoce como «los siete años maravillosos».

Por más de 30 años pareció en lo visible que Japón mantenía su statu quo. Pero el mundo invisible de los ángeles de las tinieblas parecían estar recuperando su base. El crecimiento de la iglesia se redujo a paso de tortuga. Entonces murió el emperador, y su hijo debía convertirse en el nuevo emperador. Una cuestión crucial giraba en torno a la ceremonia *daijosi*, el componente espiritual de la instalación tradicional de un nuevo emperador. La *daijosi*, coreografiada mediante adivinación y ritos de ocultismo, llegaría a su clímax en un encuentro sexual entre el nuevo emperador y la diosa del sol, *Amaterasu Omikami*, principal regente espiritual sobre la nación. Importa poco si el ayuntamiento es físico (sucubus) o espiritual. En el mundo *invisible* los dos ritualmente llegan a ser una sola carne, y por medio de su líder supremo la nación invita al control demoníaco.

Desafortunadamente para Japón, tanto como para Haití, se tomó una decisión insensata y el nuevo emperador decidió revertir la posición que su padre tomó después de la Segunda Guerra Mundial, y, mediante la ceremonia *daijosi*, alcanzar nuevamente «deificación» en la mente popular. No solo eso, sino que el gobierno pagó los gastos del rito multimillonario por sobre las vehementes protestas de los líderes cristianos japoneses.

Desde entonces, predeciblemente, la participación abierta de oficiales del gobierno, como líderes nacionales, en peregrinajes y ritos conectados con el paganismo tradicional japonés, ha ido en aumento. Lo que esto significa a la larga para la nación está todavía por verse. Pero al momento de escribir esto la bolsa de valores del Japón, y su efecto concéntrico tanto en las economías del Japón como las mundiales esta en su caída más pronunciada desde la Segunda Guerra Mundial, declinación que se remonta a la ceremonia *daijosi*.

¿Qué en cuanto a los Estados Unidos?

Los Estados Unidos es una nación bastante diferente a Haití o a Japón, los cuales tienen poblaciones razonablemente homogéneas. Reafirmar las «raíces culturales de Haití» o la «cultura tradicional del Japón» tiene un significado ampliamente entendido. Pero los Estados Unidos van a la cabeza respecto al multiculturalismo nacional. Allí la reafirmación podría venir solamente cultura por cultura.

Actualmente no se considera «políticamente correcto» afirmar nuestras raíces culturales coloniales angloamericanas de Nueva Inglaterra o Virginia, o las raíces holandesa-americanas de Nueva York, o germano-americanas de Pennsylvania, o incluso raíces escandinavo-americanas. Significativamente estas son las culturas de los Estados Unidos más fuertemente influidas por el cristianismo que emerge de la reforma protestante, imperfecto como puede ser el movimiento cristiano.

Más bien la nueva excitación cultural en los Estados Unidos parece girar alrededor de culturas minoritarias tales como los nativos estadounidenses en sus numerosas formas tribales, afroestadounidenses, y varios asiático-estadounidense. Entre los hispano-estadounidenses se ha desarrollado una tendencia a despreciar la herencia europea española y enfatizar las raíces aztecas, mayas o incas. Conforme revela nuestra comprensión de lo visible y lo invisible tal reafirmación cultural puede verse como pasos creativos para nuestra nación, pero también puede ser una invitación a una seria caída espiritual.

El paso hacia adelante, como se ha recalcado, es traer a la luz los dones redentores que Dios ha implantado en cada cultura para que le glorifique. Nuestras culturas son intrínsecamente buenas debido a que reflejan al Creador. Debemos afirmar esto en cada cultura de los Estados Unidos.

Pero también necesitamos reconocer que Satanás ha corrompido de tal manera las culturas que algunas de sus formas, tales como el arte o la arquitectura, y particularmente algunos de sus patrones de conducta tales como sus danzas o rituales religiosos, claramente tienen la intención de glorificar a la criatura antes que al Creador. Las culturas cuyas raíces religiosas exaltan a los espíritus de los demonios necesitan una reafirmación tan cautelosa en los Estados Unidos como deberían haberla tenido en Haití o en Japón. De otra manera las fuerzas invisibles de las tinieblas invitadas de este modo a la vida nacional ciertamente proliferarán y provocarán la ira de Dios. Él no soportará la prostitución espiritual en los Estados Unidos más de lo que la soportó en Judá en el tiempo de Jeremías, y el juicio divino es el resultado predecible. Tristemente, antes que aliviar el sufrimiento humano, es posible que lo veamos aumentarse.

¿Está Hawaii en peligro?

Hawaii, nuestro quincuagésimo estado, ahora tiene un fuerte movimiento entre algunos de sus líderes para que se reafirme la cultura hawaiana. El 21 de agosto de 1991 el gobernador de Hawaii, uno de los senadores de los Estados Unidos, y muchos otros oficiales abiertamente participaron en un ritual del paganismo tradicional de Hawaii tildado como una «ceremonia de sanidad» para la isla despoblada de Kahoolawe. La ceremonia incluía ofrecer cabezas de coral en el altar dedicado a los espíritus de las tinieblas y beber la sagrada *awa*. Parley Kanakaole, el líder de suceso, interpretó las acciones de los oficiales del gobierno como: «Sí, respaldaremos la herencia cultural hawaiana y todo lo que significa ser *un kanaka maoli* (un verdadero hawaiano)».[7]

Un propósito que se indicó respecto a este proceso era reparar el daño que el cristianismo le ha causado a Hawaii. Reportando sobre el acontecimiento Laurel Murphy dice que después de que llegaron los misioneros «el poder de los dioses hawaianos empezó a morir, y junto con él, el poder del varón hawaiano». Parley Kanakaole «sabía que el nuevo *jeiau* [templo] tenía que ser un *mua jaí kupuna*, el lugar familiar de adoración en el antiguo Hawaii en donde los hombres clamaban ayuda a sus antepasados».[8]

Irónicamente, el lema del estado de Hawaii es: «La vida de la tierra se perpetúa en la justicia». Esto refleja el don redentor de Dios para Hawaii. Será perpetuado si Jesucristo es exaltado como el legítimo Señor de Hawaii, dando gloria al Creador. Pero lo opuesto también es una posibilidad: la *muerte* de la tierra será perpetuada por la injusticia. Como ya se mencionó anteriormente, la ira de Dios es vertida sobre la gente «que detienen con injusticia la verdad» (Romanos 1.18) al glorificar a la criatura antes que al Creador. Mi oración es que tal no sea el caso para Hawaii.

CONCLUSIÓN

¿En dónde trazamos la línea? La cartografía espiritual es un intento para ofrecer pautas. Nos ayuda a saber cuándo

---

7. Laurel Murphy, «Hawaian leaders, dignataries, head of Kahoolawe», [Líderes y dignatarios hawaianos, cabeza de Kahoolawe], *Maui News*, 21 de agosto de 1992, n.p.
8. *Ibid.*

empezamos a glorificar a la criatura antes que al Creador. Revela los poderes invisibles, tanto buenos como malos, detrás de los rasgos visibles de la vida cotidiana. Nos provee de nuevas herramientas para enfrentarnos y vencer al enemigo, abriendo así el camino para el esparcimiento del reino de Dios y para que su gloria se manifieste entre las naciones.

—PREGUNTAS DE REFLEXIÓN—

1. ¿Puede usted pensar en algunas instancias, aparte de las mencionadas en el capítulo, en donde la gente abiertamente ha dado gloria a la criatura antes que al Creador?
2. Piense respecto a los nombres demoníacos dados a los rasgos naturales del Gran Cañón. ¿Por qué produjeron «ira justa» en algunas personas?
3. Su ciudad tiene un don redentor. ¿Cuáles, en su opinión, son algunas de las posibilidades respecto a lo que es este don? ¿Y respecto a las ciudades circunvecinas qué?
4. Converse sobre los detalles específicos de los peligros de afirmar el paganismo mientras se intenta afirma las culturas antiguas.
5. Repase el relato de la limpieza de la sala de los Wagner. ¿Hubiera usted eliminado el puma? ¿Las máscaras? ¿Las lámparas? ¿Por qué?

Cómo lidiar con las fortalezas

por Cindy Jacobs

INDY JACOBS ES UNA DOTADA LÍDER DE ORACIÓN Y cofundadora, junto con Mike, su esposo, de los Generales de Intercesión, una organización ligando a líderes de oración en una red por todo el mundo, con el propósito de interceder estratégicamente por las ciudades, naciones y grupos de personas todavía no alcanzadas. Autora de Conquistemos las puertas del enemigo, Cindy viaja y dicta conferencias nacional e internacionalmente, y ha sido un instrumento para traer unidad en el pueblo de Dios. También sirve en la «Junta Internacional de Mujeres de la Comunidad Aglow», y es una de las dirigentes de la «Red de Guerra Espiritual del Sendero de Oración Unida del Movimiento del Año 2000 A.D.»

Rosario, Argentina, una ciudad de riqueza y belleza al ojo natural. En el verano de 1992 los pastores de Rosario me invitaron a enseñar en una reunión a nivel de la ciudad, respecto a «Cómo romper las fortalezas del ocultismo y de la brujería». Antes de ir a Argentina me había inquietado ver en la televisión los reportajes de noticias respecto a terribles inundaciones en la provincia de Santa Fe, donde está ubicada la ciudad de Rosario. Al ver la destrucción de las aguas que seguían subiendo empecé a preguntarme si la inundación pudiera ser el resultado de alguna maldición. ¿Podría acaso la ciudad estar bajo ataque espiritual debido a los pecados de la gente? Meditaba en estos pensamiento al entrar a la ciudad para el seminario y oraba al Señor que me revelara el secreto y las cosas escondidas de la ciudad.

En el segundo día de la reunión varios de los que componíamos el equipo de «Evangelismo de Cosecha» fuimos a almorzar con un pastor local. El pastor, representante regional para la iglesia de Omar Cabrera, Visión del Futuro (una iglesia argentina líder en el área de la guerra espiritual), había asistido a un seminario sobre guerra espiritual que yo había enseñado el año anterior en la ciudad de Mar del Plata. Empezó a contarme cómo fue fundada la ciudad de Rosario.

Parece que un grupo de sacerdotes estaba transportando una estatua de la reina del cielo de una ciudad a otra. Mientras viajaban, la estatua, imagen de la Virgen del Rosario, se cayó de la carreta cuatro veces en un corto recorrido. Los sacerdotes, confiados en que la estatua estaba tratando de decirles que quería que este punto sea su hogar establecieron lo que ahora es la ciudad de Rosario. Así la fundadora espiritual de la ciudad ¡no es otra que la misma Reina del Cielo! Esas fueron noticias *iluminadoras*. Me di cuenta de que mi sospecha de que la ciudad estaba bajo un maleficio era correcta.

Esa tarde me reuní con varios pastores de la ciudad de Rosario y un pequeño grupo de líderes que me pidieron que orara por su ciudad. Les expliqué que cartografiar la ciudad les ayudaría a localizar las fortalezas. Les expliqué cómo el orar por las puertas del infierno en una ciudad pondría en libertad a los cautivos de Satanás, conduciéndolos al reino de Dios. ¡Se emocionaron! La excitación aumentó cuando les describí la información respecto a la fundación de la ciudad. Aun cuando algunos líderes habían conocido que la Virgen del Rosario estaba ligada con su ciudad, no sabían que ella había escogido la ciudad como suya propia. La iluminación vino a sus mentes cuando se dieron cuenta de que había estatuas de la virgen en cada oficina del gobierno de la ciudad y en la plaza principal. Algunos hasta llamaban a la Virgen del Rosario, la «generala de la ciudad».

CÓMO ORAR POR UNA ESTRATEGIA

Después de la reunión regresé a mi hotel para orar. Sentí que el arrepentimiento por la idolatría a esta virgen debía ser una clave. Sentí que tal arrepentimiento podía detener la inundación de la ciudad, y tal vez de la provincia entera. No obstante, también sabía que podría surgir una situación peligrosa si ponía al descubierto públicamente como idolatría la adoración de la Reina del Cielo. Argentina es una nación católica en donde se considera a los protestantes una secta. Todavía más, la veneración de vírgenes, tales como en Rosario, penetra profundamente en el corazón de la cultura. Mientras estudiaba y oraba percibí que el Señor me daba una estrategia.

Más tarde esa noche mientras me dirigía con Doris Cabrera, mi traductora, al atiborrado teatro mi corazón elevaba muchas oraciones fervientes: «Señor, dame las palabras precisas; habla por medio de mí. Ayuda a Doris a traducir exactamente lo que yo estoy diciendo».

La adoración a Dios en esa reunión fue tremenda. Di mi mensaje sobre la cartografía espiritual. Al concluir el culto leí en las Escrituras el pasaje de Jeremías 7.16-19 sobre cómo la adoración a la Reina del Cielo provocó la ira de Dios. Cuidadosamente expliqué que la Reina del Cielo no es María, la madre de Jesús. Es más, María no hubiera querido que la llamaran con el nombre de esta diosa demonio. Les dije que no honramos a María cuando la adoramos como la Reina del Cielo. En ninguna parte de la Biblia se llama a María la Reina del Cielo. Luego describí el juicio en contra de los filisteos por su idolatría, como se ve en Jeremías 47.2: «He aquí que suben aguas del norte, y se harán torrente; inundarán la tierra y su plenitud, la ciudad y los moradores de ella».

¡En aquel teatro se hubiera podido oír un alfiler cayendo! Luego les pedí a los pastores que pasaran al frente. Teníamos una buena representación de bautistas, nazarenos y otros grupos, tanto como carismáticos y pentecostales. Le pedí al pastor Norberto Carlini que nos dirigiera en oración de arrepentimiento por la adoración e idolatría a la Reina del Cielo y que luego reclamara la ciudad para el Señor Jesús. Él y otros líderes estuvieron de acuerdo.

Al arrodillarnos a orar una asombrosa presencia de Dios vino sobre nosotros. Las personas se humillaron y empezaron a llorar por los pecados de su ciudad. Los pastores guiaron en oración de arrepentimiento que tronó con el poder y la autoridad de Dios. Cada uno de los líderes, por turno, se arrepintieron y luego como grupo le arrebataron la ciudad a la Reina del Cielo y colocaron el gobierno de la ciudad sobre los hombros del Rey Jesús. El regocijo llegó hasta las regiones celestes mientras adorábamos y agradecíamos al Señor por la victoria.

La inundación cede

¿Qué ocurrió en la ciudad como resultado? Pues bien, una cosa fue discernible casi inmediatamente. Mientras volaba de regreso unos pocos días más tarde me dieron un ejemplar del *Herald de Buenos Aires* para leer. Uno de los artículos decía:

> **¡Inundaciones estables en el Delta!** En Santa Fe las autoridades de la Defensa Civil anunciaron que la cresta del río Paraná finalmente ha empezado a avanzar hacia

el sur, trayendo alivio instantáneo a la población de la provincia que ha enfrentado a diario la amenaza de una nueva evacuación. Los niveles del río habían estado subiendo paulatinamente en ese distrito por las pasadas dos semanas.[1]

El nivel de las aguas del río Paraná se redujeron considerablemente en la capital de la provincia de Santa Fe, y en Rosario. Esto fue evidencia en el campo visible de que la maldición había quedado rota y la ciudad en libertad. ¡Qué testimonio del poder del arrepentimiento! La bendición de Dios fue libertada sobre la ciudad cuando se rompió la fortaleza de idolatría.

¿QUÉ ES LA CARTOGRAFÍA ESPIRITUAL?

¿Cómo descubrimos en Rosario la fortaleza de la adoración de la Reina del Cielo? Mediante algo que ahora llamamos «cartografía espiritual». Hasta donde yo sepa la primera persona que usó este término fue George Otis, hijo, en su libro *The Last of the Giants* [El último de los gigantes]. Aun cuando muchos de nosotros que ministramos en el campo de la guerra espiritual hemos estado por algún tiempo enseñando respecto a investigar las ciudades para descubrir fortalezas; el término «cartografía espiritual» ha llegado a convertirse en el vocablo aceptable para esta investigación espiritual.

Para ser franca, cuando oí por primera vez el término tuve ciertas reservas. Me sonaba medio parecido a la Nueva Era. Expresé dicha opinión a varios líderes cristianos, y pasé algún tiempo en oración al respecto. Finalmente llegué a la conclusión de que «cartografía espiritual» es un buen título descriptivo para la investigación que se realiza de una ciudad.

---

1. «Inundaciones estables en el Delta», *Herald de Buenos Aires*, 28 de junio de 1992, p. 4.

¿Qué es exactamente la cartografía espiritual? En mi opinión es la investigación en una ciudad para descubrir cualquier sendero de penetración que Satanás haya abierto, para prevenir la extensión del evangelio y la evangelización de una ciudad para Cristo. George Otis, hijo, dice que nos permite ver a la ciudad como realmente es; no como parece ser.[2]

¿Cómo ve usted su ciudad? Muchos pastores han sido llamados a iglesia en ciudades y pueblos que parecen ser tranquilos y pacíficos, tan solo para descubrir que esto está muy lejos de la verdad. Otros pasan años en violentos centros urbanos con muy poca cosecha y finalmente se dan por vencidos y se van agotados emocionalmente y desalentados. Algunos han tratado de hacer la guerra espiritual pero se han sentido como si estuvieran boxeando contra una sombra, en contra de fuerzas invisibles que atacaban su iglesia y su familia con venganza. No tiene por qué ser así. Dios es un estratega Maestro. Hay principios en la Palabra de Dios que nos ayudan a librar la guerra contra las fortalezas de Satanás, derribar sus baluartes y libertar a los cautivos.

Una pregunta que a menudo se hace cuando se habla del tema es: «¿No dice la Biblia que la tierra es del Señor, con todo lo que en ella hay, y todo lo que vive en ella?» Esto, por supuesto, es cierto. Dios es el dueño de la tierra. Es también verdad, sin embargo, que Satanás se entremete y hace falsos reclamos. En 2 Corintios 4.4 la Biblia dice que Satanás se ha declarado a sí mismo como el dios de este siglo. Efectivamente ha tomado cautivos reinos enteros. Desde un punto de vista real la mayoría de los cristianos mirarían a su ciudad y dirían: «Sé que la tierra es del Señor, pero ¿qué la ha pasado a mi ciudad?» Desafortunadamente, la mayoría no sabe cómo cambiar esta situación.

Percibo un nuevo despertar respecto a nuestra responsabilidad para orar por nuestras ciudades y naciones. Hace

---

2. George Otis, hijo, *The Last of the Giants* [El último de los gigantes], Chosen Books, Tarrytown, Nueva York, 1991, p. 85.

un par de años, en una reunión de los dirigentes de la *Red de Guerra Espiritual* el Señor me indicó que estaba sucediendo una reforma en las iglesias. El grito de batalla para esta nueva reforma es: «No tenemos lucha contra sangre y carne, sino contra principados, contra potestades» (Efesios 6.12), y «Las armas de nuestra milicia no son carnales» (2 Corintios 10.4). Hemos tratado muchas técnicas de evangelización. ¿Por qué no tratar la oración?

¿Por qué algunos cristianos bregan con el concepto de tratar con el campo de lo invisible? Charles Kraft, del Seminario Teológico Fuller, en su libro *Christianity with Power* [Cristianismo con poder], tiene muchos puntos valiosos sobre esta cuestión. De acuerdo a Kraft vemos lo que se nos ha enseñado a ver. Interpretamos la realidad en maneras culturalmente aprobadas, y se nos enseña a ser selectivos. Esta observación selectiva en muchas de las sociedades europeas y americanas está condicionada por nuestra «cosmovisión occidental». Esta cosmovisión nos ha hecho creer que solamente lo que se nos enseña por medio de la ciencia o lo que podemos discernir con nuestros cinco sentidos, es real. Kraft prosigue para afirmar: «Se nos enseña a creer solamente en cosas visibles. "Ver es creer", se nos dice. Si podemos verlo, debe existir. Si no podemos verlo, no debe existir».[3]

TRASFONDOS DEL NUEVO TESTAMENTO

¿Cuánto nos afecta en la iglesia esta cosmovisión occidental? En algunos casos, mucho. Algunos incluso relegan los poderes territoriales mencionados en Efesios 6.12 al campo de la mitología. Sin embargo Pablo nos dice que nosotros *tenemos lucha* contra «principados y potestades». Si hay en verdad principados y potestades contra los cuales luchamos, ¿no deberíamos hacerlo con conocimiento?

---

3. Charles Kraft, *Christianity with Power* [Cristianismo con poder], Servant Publications, Ann Arbor, Michigan, 1989, p. 24.

Es interesante notar el número de libros eruditos publicados que nos ayudan a abrir nuestros ojos al mundo tal como Pablo debe haberlo visto. Algunos de los mejores son escritos por Clinton Arnold, quien enseña Nuevo Testamento en la Escuela Talbot de Teología. Arnold examina las creencias griegas, romanas y judías del primer siglo, tanto como las enseñanzas de Jesús respecto a la magia, la brujería y la adivinación. Los escritos de Pablo están llenos de referencias que son escritas directamente en contra de las fortalezas de su día. Por ejemplo, concerniente a comer carne sacrificada a los ídolos en la iglesia de Corinto, en 1 Corintios 10, Arnold escribe: «Uno de los principales principios que guió la reacción de Pablo a la situación en Corinto fue la convicción de que los demonios animan la idolatría».[4]

Otro estudio fascinante respecto a las fortalezas demoníacas, relacionada a la diosa Diana de Éfeso, puede hallarse en el libro *I Suffer Not a Woman* [No permito a la mujer], cuyos autores son Richard Clark Kroeger y Catherine Clark Kroeger. Aun cuando la tesis de este libro trata con el ministerio de las mujeres en la iglesia, también provee profundos puntos de vista respecto al mundo de Éfeso, el cual Pablo encontró según Hechos 19. Revela una cultura llena de magia, hechicería y adivinación. El excelente libro de los Kroeger da una vívida descripción de la diosa Diana:

> Llevaba una alta corona, modelada para representar las murallas de la ciudad de Éfeso; y su pecho estaba cubierto con protuberancias como senos. Encima de estas llevaba un collar de bellotas, rodeado algunas veces por los signos del zodíaco; porque Artemisa (Diana) controlaba los cuerpos celestes del universo. En el frente de su falda estrecha había filas de animales trillizos, y

---

4. Clinton Arnold, *Powers of Darkness* [Poderes de las tinieblas], Inter-Varsity Press, Downers Grove, Illinois, 1992, p. 97. Véase también, *Ephesians: Power and Magic* [Efesios: Poder y magia], Baker Book House, Grand Rapids, Michigan, 1992.

en los lados abejas y rosetas: indicación de su dominio sobre el nacimiento de niños, la vida animal y la fertilidad. Un complejo sistema de magia se desarrolló sobre la *grámata efesia*, las seis palabras místicas escritas en la estatua cúltica de la diosa. El libro de Hechos nos dice que los cristianos recientemente convertidos repudiaron este sistema y quemaron sus costosos libros de magia (Hechos 19.19).[5]

No fue necesario que Pablo o sus colegas visitaran la biblioteca e investigaran la historia de Éfeso para descubrir qué poderes invisibles operaban detrás de los aspectos visibles de la ciudad. Los pobladores de Éfeso sabían que el espíritu territorial regente de su ciudad era Diana tan bien como los residentes de la ciudad de Dallas hoy saben que su equipo de fútbol americano es el de los Vaqueros. Nuestra necesidad de cartografía espiritual es más crucial principalmente debido a nuestra cosmovisión occidental, la cual tiene a cuestionar hasta incluso si los poderes invisibles siquiera existen. Pablo no tenía tal problema. Tampoco, dicho sea de paso, Lucas, como lo demuestra Susan Garrett, la experta de la universidad de Yale, en su excelente libro *The Demise of the Devil* [El fallecimiento del diablo].[6]

FORTALEZAS

«Fortaleza» parece ser de alguna manera un término ambiguo en su uso actual. Necesitamos aclarar su significado. Una fortaleza es un lugar fortificado que Satanás construye para glorificarse a sí mismo en contra del conocimiento y los planes de Dios.

---

5. Richard Clark Kroeger y Catherine Clark Kroeger, *I Suffer Not a Woman* [No permito a la mujer], Baker Book House, Grand Rapids, Michigan, pp. 53,54.
6. Susana R. Garrett, *The Demise of the Devil* [El fallecimiento del diablo], Fortress Press, Minneapolis, Minnessota, 1989.

Algo importante para tener presente es que Satanás trata de esconder el hecho de que estas fortalezas existen. Astutamente las disfraza bajo la guisa de «cultura». Como Peter Wagner destaca en el capítulo precedente, en todas las culturas alrededor del mundo hay un resurgimiento de la adoración a los dioses antiguos. Esta es una estrategia del enemigo para dotar otra vez de poder a los principados demoníacos sobre las naciones. Es esencial, particularmente en esta edad, aprender a evaluar nuestra cultura a la luz de la Palabra de Dios. Solamente bajo el escrutinio de la lámpara de la revelación de Dios seres capaces de libertar a las ciudades y las naciones del mundo de los poderes de las tinieblas para alistarlas para la cosecha espiritual. No estoy tratando de decir que vamos a echar fuera de la tierra para siempre a toda y a cada fuerza demoníaca. Incluso Jesús no pudo hacerlo. Sin embargo, nuestras oraciones liberarán regiones de la influencia de estos poderes por un tiempo mientras entramos y cosechamos.

Es ahora común que los misioneros reciban adiestramiento en antropología para estudiar la cultura del pueblo al cual son enviados para ministrar. Estos principios han sido claramente establecidos por expertos en el campo al tratar con grupos de personas no alcanzadas. Uno de los mejores es el libro *The Power of People Group Thinking* [El poder del pensamiento de un grupo de personas] de John Robb.[7] En años pasados muchas equivocaciones fueron cometidas por misioneros bien intencionados que no entendían la cultura del grupo de pueblos entre los cuales trabajaban. No queremos culpar a estos primeros misioneros, pero tampoco queremos cometer los mismos errores.

Hoy los misioneros tal vez sepan cómo analizar las culturas, pero muchos no comprenden la necesidad de identificar los poderes que se agazapan detrás de la formación de la cultura. Tal vez una fortaleza que debemos

7. John Robb, *Focus! The Power of People Group Thinking* [¡Enfoque! El poder del pensamiento de un grupo de personas], MARC, Monrovia, California, 1989.

explorar es la idolatría de la cultura en sí misma. ¡No todo en la cultura de un pueblo es necesariamente bueno! Estamos enviando misioneros a naciones en donde las fortalezas demoníacas están profundamente atrincheradas, pero les damos muy poca o ninguna intercesión estratégica por la nación o sus familias. Muchos no tienen herramientas para reconocer una fortaleza demoníaca, mucho menos para tratar con la misma en forma estratégica.

Fortalezas específicas necesitan ser derribadas para libertar la cosecha en nuestras ciudades y naciones. Primero, es importante darse cuenta de que las fortalezas existen tanto a nivel personal como corporativo. Estamos mucho más familiarizados con las de nivel personal que con las de nivel corporativo. El nivel corporativo es aquel con el que se trata tanto en Daniel como en Nehemías al orar por su nación.

La guerra espiritual no es un gigantesco «viaje de poder». Más bien, es exhibir los atributos de Dios ante un mundo perdido, que muere, procurando ver si realmente somos vencedores, no sujetos a los poderes malignos de esta edad.

En este capítulo examinaré específicamente nueve fortalezas. George Otis, hijo, en el capítulo 1, trata con una décima fortaleza territorial. Aun cuando ciertamente esta no es una lista inclusiva, estas son las fortalezas que he identificado más claramente hasta este punto.

1. Fortalezas personales

En su excelente libro *Overcoming the Dominion of Darkness* [Venciendo el dominio de las tinieblas], Gary Kinnaman describe las fortalezas personales como cosas que Satanás construye para influir la vida personal de uno: el pecado personal, pensamientos, sentimientos, actitudes y modelos de conducta personales.[8]

Una de las maneras de nuestro Señor, tratar con las fortalezas personales, es por medio de la aplicación de normas bíblicas de santidad. Creo que esta es una compuerta importante para el avivamiento. Al estudiar los grandes avivamientos uno casi invariablemente lee sobre movimientos extensos de santidad. Explico esto en detalle en mi libro *Conquistemos las puertas del enemigo* (Editorial Betania), en el capítulo «El principio del corazón limpio».

Uno de los obstáculos más grandes para el movimiento de Dios en nuestras ciudades es el orgullo de los creyentes. Es tiempo de clamar a Dios que nos quite las vendas de los ojos para que podamos ver nuestro egoísmo, malas actitudes y falta de carácter e integridad. Me gusta oír a Bill Gothard decir: «Madurez es hacer lo correcto, ¡incluso cuando nadie está viendo!» Nuestras acciones son vistas por un Dios santo y por las huestes de los cielos.

Necesitamos imitar el carácter y rectitud de Dios. La guerra espiritual no es un gigantesco «viaje de poder». Más bien, es exhibir los atributos de Dios ante un mundo perdido, que muere, procurando ver si realmente somos vencedores, no sujetos a los poderes malignos de esta edad.

Estas fortalezas personales son «agujeros en nuestra armadura». Me enteré de este principio por primera vez por boca de Joy Dawson, gran maestra de la Biblia. Ella dice que cuando tenemos motivos equivocados en el corazón tales como orgullo o acciones egoístas, hay agujeros en nuestra armadura y esto nos deja abiertos ante el ataque del enemigo. Se cierran estos agujeros mediante el arrepentimiento ante un Dios santo y ante aquellos a quienes hemos ofendido. Dios exalta y da victoria solamente al humilde. Por

---

8. Gary Kinnaman, *Overcoming the Dominion of Darkness* [Venciendo el dominio de las tinieblas], Chosen Books, Tarrytown, Nueva York, 1990, pp. 54,56-58.

medio de la humildad, del arrepentimiento y de la santidad se pueden derribar las fortalezas personales.

2. Fortalezas de la mente

Mi amigo Ed Silvoso dice: «Una fortaleza es un recuadro mental impregnado con desesperanza que hace que el creyente acepte como incambiable algo que sabe que es contrario a la voluntad de Dios».[9] Es la mejor definición que he hallado.

Las fortalezas en nuestra mente se pueden construir en muchas maneras. El enemigo tal vez nos ha convencido de que nuestra ciudad nunca puede ser ganada por el evangelio. Le gusta fijar límites en las cosas en las cuales vamos a creer. ¿Es posible ganar a una ciudad para Cristo? ¿Puede el alcalde, el consejo municipal, abogados y maestros ser influidos por el evangelio? ¡Por supuesto! Algunas veces somos simplemente «prisioneros de guerra» en nuestras iglesias. A Satanás no le importa si tenemos algo de pan y agua y unos pocos visitantes, pero se disgusta cuando determinamos influir nuestra ciudad entera. ¡Necesitamos arreglar una gran fuga de la prisión! Primero debemos derribar las fortalezas construidas en nuestras mentes de que no puede hacerse.

En cierto tiempo de mi vida tuve una situación que parecía irreparable. Un amigo había hecho algo que me lastimó profundamente, y me sentía traicionada. Las circunstancias eran tales que parecía que nada podía remediar el problema. Por dos años no vi a este amigo, ni nos hablamos. La restauración de la relación parecía sin esperanza alguna de este lado del cielo. No me daba cuenta, en ese tiempo, que yo tenía una fortaleza que se había abierto camino hasta mi mente. Satanás me había engatusado a creer que la situación era incambiable. Esta fortaleza se exaltaba en contra del conocimiento de Dios que dice: «Para

---

9. Edgardo Silvoso (tomado de un memorando a amigos y patrocinadores del «Plan Resistencia», 15 de septiembre de 1990, p. 3.

el que cree, todo es posible». Obviamente, debido a mi dolor, opté por no creer en la promesa de Dios. Estaba lisiada en esta área de mi vida.

Un día mientras estaba orando me vino a la mente que yo había creído una mentira. ¡Nada es imposible para Dios! Empecé a buscar del Señor una estrategia para cerrar la brecha. Sentí la necesidad de hablar sobre la situación con la persona y arreglar las cosas entre nosotros. No fue fácil. Tenía que llegar al lugar del perdón y la sanidad. Finalmente supe lo que tenía que hacer. Le escribí una carta afirmando mi cariño, y mi sufrimiento debido a la situación. En adición, le expliqué la situación según yo la veía, sin lanzar ninguna acusación. Concluí la carta preguntándole si podíamos hablar por teléfono, puesto que vivíamos a apreciable distancia. Después de recibir la carta la persona me llamó, y el amor de Dios fue tan fuerte durante nuestra conversación que la situación quedó completamente remediada y nuestra relación fue restaurada.

3. Fortalezas ideológicas

Gary Kinnaman dice que las fortalezas ideológicas «tienen que ver con la cosmovisión. Hombres tales como Carlos Marx, Carlos Darwin, y otros particularmente afectaron las filosofías y los puntos de vista religiosos y no religiosos que influyen en la cultura y la sociedad».[10]

Las fortalezas ideológicas potencialmente son capaces de afectar culturas enteras. Adolfo Hitler es un ejemplo primario de esto. Los libros sobre Hitler y el Tercer Reich son reveladores y traen a la luz el poder oculto detrás del Tercer Reich que esencialmente embrujó a una nación entera.

Filosofías tales como el humanismo son poderosas y seductoras. La Nueva Era está en ascenso y es probablemente una de las más serias amenazas al cristianismo en las naciones de la tierra. A los adeptos a la Nueva Era se les

10. Kinnaman, pp. 162,163.

enseña que pueden invocar el poder de las fuerzas demoníacas *de cualquier religión* del mundo. En muchos países están astutamente infiltrándose en las escuelas, para apoderarse de las mentes de nuestros hijos e inculcar sus ideologías en los gobiernos locales y nacionales.

Necesitamos comprender que estas fortalezas ideológicas son inspiradas por fuerzas invisibles y poderes de las tinieblas, que producen la creación de estructuras e instituciones sociales para llevar a cabo sus propósitos. No se puede decir lo suficiente: *No tenemos lucha contra sangre y carne.* Hay que atacar estas fortalezas mediante intercesión incesante, concentrada, inteligente, de parte de las iglesias de las naciones.

La iglesia con mentalidad de fortaleza dice que no somos responsables por nada fuera de nuestras cuatro paredes y nos impide ver la batalla real por nuestras ciudades. Muchos pastores y líderes están ahora despertándose para darse cuenta de que han estado luchando por *deshacerse* de Satanás, ¡en lugar de luchar *contra* él!

4. Fortalezas de ocultismo

Veo las fortalezas de ocultismo como una abierta aplicación maléfica de muchas fortalezas ideológicas. Las fortalezas de ocultismo son fortalezas de brujería, satanismo y religiones de la Nueva Era, las cuales invitan a los espíritus guías a operar. Trabajan como «amplificadores de poder» para los espíritus territoriales que habitan en las regiones geográficas.

Los espíritus territoriales sobre una ciudad o región reciben enorme poder mediante conjuros de ocultismo, maldiciones, rituales y fetiches usados por brujas, hechiceros y satanistas. Los poderes regentes de las tinieblas manipulan a los que están involucrados en el ocultismo para que hagan sus mandatos, e intentan destruir el poder de la iglesia y el reino de Dios en un área. Los líderes cristianos con frecuencia no se dan cuenta de que esto realmente está sucediendo en su ciudad. Muchos pastores y líderes están bajo tremendo ataque satánico y, o bien no se dan cuenta de lo que está ocurriendo, o están tan vapuleados, desanimados y agotados que no pueden luchar contra la masacre. Esto no es algo que debamos temer, pero sí necesitamos comprender y luchar contra las asechanzas y métodos del enemigo.

Una de las maneras en que los que participan del ocultismo atacan a los cristianos y líderes es lanzando hechizos o maldiciones. Esto se hace mediante hechizos, intercesión maléfica y ayunos. Ezequiel 13.18 dice: «¡Ay de aquellas que cosen vendas mágicas para todas las manos, y hacen velos mágicos para la cabeza de toda edad, para cazar las almas!» Dick Bernal, nuestro colega en la «Red de Guerra Espiritual» ha escrito un buen libro sobre el tema: *Curses: What They Are and How to Break Them* [Maldiciones: Lo que son y cómo romperlas].[11]

Evidentemente lanzar hechizos era práctica tanto del tiempo del Antiguo como del Nuevo Testamentos (p.e., Isaías 8.19-22; Hechos 19.19). También ocurre actualmente conforme vemos muchos líderes cristianos caer en pecado e inmoralidad sexual. Los líderes necesitan intercesores que los guarden en oración contra estas maldiciones. Peter Wagner, en su libro *Escudo de oración* (Editorial Betania), trata a profundidad de este tema.

¿Cómo se puede determinar si a alguien se le ha echado una maldición o hechizo? Los siguientes son algunos de los síntomas posibles:

* Enfermedad sin una causa natural;
* Confusión de la mente (puede ser causado por el control mental);
* Insomnio;
* Sueños sexuales explícitos repetidos con frecuencia;
* Extrema fatiga;
* Actitudes negativas inexplicables.

---

11. Ricardo Bernal, *Curses: What They Are and How to Break Them* [Maldiciones: Lo que son y cómo romperlas], Companion Press, Box 351, Shippensburg, Pennsylvania 17257-0351.

Estoy consciente que las cosas que he sugerido pueden tener igualmente otras causas. Una manera de saber si un problema es el resultado de algún hechizo o maldición es que cuando el poder queda roto los síntomas desaparecen rápidamente. Una excepción de esto puede ser la ocasión cuando la enfermedad que resulta de la maldición ha causado efectivamente daño físico al cuerpo, y éste necesita curar además del quebrantamiento del hechizo.

Una maldición de Argentina. Una de las tareas con las que lidiamos en los «Generales de Intercesión» es discernir y derribar fortalezas que imperan sobre las ciudades. En 1990 mi amiga Doris Wagner y yo fuimos a la ciudad de Resistencia, Argentina, para orar con los líderes, enseñar, y discernir las fortalezas sobre la ciudad. Víctor Lorenzo se refiere a esta visita en su capítulo (capítulo 7). Un espíritu territorial particularmente asqueroso era *San Muerte*. Trece templos estaban ubicados por toda la ciudad específicamente para adorar a *San Muerte*. La vida era tan desesperanzada que las personas creían que si adoraban a *San Muerte* por lo menos podrían tener una buena muerte.

Cuando llegué a casa después del viaje de oración, caí bajo un serio ataque. Un domingo me levanté para ir a la iglesia, me fui al culto sintiéndome perfectamente, y a mitad del servicio empecé a sentir que perdía la fuerza de mi cuerpo. Al principio pensé que estaba excesivamente fatigada, pero conforme avanzaba el día podía decir que algo andaba seriamente mal conmigo. Al fin, le dije a Mike, mi esposo: «Querido, llama a nuestros intercesores y empieza la cadena de oración de emergencia. ¡Siento como que me estoy muriendo!» Esto era poco común. Nunca me había sentido así en mi vida, y mi esposo jamás me había oído decir algo semejante. Puesto que me quiere demasiado, rápidamente llamó a los intercesores de los «Generales de Intercesión» para que actuaran. Cuando había transcurrido otra hora, pude decir que el hechizo había sido roto. Al día siguiente me sentía totalmente bien y fuerte.

Después de que me recuperé algo realmente me fastidiaba. ¿Qué derecho tenía el hechizo para atacarme? La Biblia dice en Proverbios 26.2: «La maldición nunca vendrá sin causa». Sabía que debía haber algún agujero en mi armadura en alguna parte. Conforme continuaba en oración el Señor me recordó de una llamada telefónica que recibí el día anterior, de una persona a quien quiero con todo mi corazón. Esta persona me dijo que yo estaba totalmente equivocada al enseñar la guerra espiritual y que tenía que desistir.

Dios me mostró entonces que no había perdonado a la persona. En ese tiempo ni siquiera había pensado en perdonar, pero de repente ¡me di cuenta de que era verdad! Había pecado en mi corazón. Rápidamente perdoné y fui a ver a dos amigos para pedirles que oraran conmigo para que el Señor sanara mi corazón quebrantado. Al día siguiente la persona que me había ofendido me llamó y me pidió perdón. La persona simplemente había sido usada como un instrumento del enemigo y se había arrepentido profundamente, como yo también lo había hecho.

5. Fortalezas sociales

Una fortaleza social es la opresión sobre una ciudad en la cual la injusticia social, el racismo y la pobreza —con todos sus problemas relacionados— hacen que la gente crea que Dios no se preocupa por sus necesidades.

La iglesia está empezando lentamente a despertarse a su responsabilidad de atacar esta fortaleza. Eruditos tales como Walter Wink y Ron Sider van a la cabeza. Romanos 12.21 nos da principios bíblicos para nuestra respuesta apropiada: «No seas vencido de lo malo, sino vence con el bien el mal».

Las maneras de derribar esta fortaleza es mediante el auxilio al pobre, dar alojamiento al que no tiene hogar, reconciliar las razas y vestir a los necesitados. Jesús quiere que nos identifiquemos con el pobre y el oprimido y que nos involucremos en cualquier acción social o política que podamos, usando armas espirituales de arrepentimiento e intercesión. Esta demostración del amor de Dios es poderosa para debilitar al enemigo.

6. Fortalezas entre la iglesia y la ciudad

Satanás tiene cuñas insertadas entre la iglesia y la ciudad, que crean una mentalidad de «nosotros contra ellos». La iglesia con frecuencia ve al gobierno de la ciudad como su enemigo, y la ciudad a menudo ve a la iglesia bajo una luz negativa. Esta fortaleza se derriba cuando la iglesia aprender a ser una bendición para la ciudad.

La iglesia debería ser una de las primeras instituciones a la cual los líderes de la ciudad acudan en tiempo de dificultad. En lugar de eso, con frecuencia es la última de la que se acuerdan, o ni siquiera la toman en cuenta. Para establecer buena acogida con la ciudad algunas iglesias realizan banquetes para la policía local, o hacen regalos especiales a la ciudad, o patrocinan proyectos que bendicen a la ciudad tales como donaciones para los menos privilegiados.

La comunidad de los negocios a menudo ve a los cristianos como las personas más cicateras y avariciosas de todas. A muchas meseras no les agradan los cristianos porque se quejan en grande y dejan escasa propina. Debemos recordar que nosotros somos la única Biblia que algunos jamás leerán.

Algunas iglesias avergüenzan a las ciudades por los pecados de sus líderes y le tornan en bochorno para la comunidad. Tal vez algunos pastores deberían ir a ver a los líderes de su ciudad y arrepentirse por las iniquidades de su iglesia de manera que esos líderes entiendan. Estar dispuestos a establecer una buena relación entre la iglesia y la ciudad derriba las fortalezas de Satanás en las mentes de los líderes de la ciudad, y detiene su capacidad de acusarnos ante nuestras ciudades.

7. Asientos de Satanás

Un asiento de Satanás es una localidad geográfica que está altamente oprimida y controlada diabólicamente por un cierto principado de tinieblas. Desde este asiento satánico el enemigo hace la guerra contra la ciudad o la nación.

En Apocalipsis 2.13 la Biblia habla de este tipo de fortaleza que existía en la ciudad de Pérgamo. Parece que el Señor estaba tratando de revelarnos la estrategia empleada por el enemigo para construir la fortaleza para la adoración a los dioses demoníacos en ciertas regiones.

La ciudad de La Plata, Argentina, es un asiento de Satanás para la francmasonería. La ciudad entera fue construida como un templo para la adoración de los espíritus conectados con la francmasonería. Las calles están trazadas

---

La iglesia es la planta de poder de Dios en las naciones para destruir las obras del malo. Ahora se está despertando a la más poderosa arma en su arsenal: la unidad.

---

de acuerdo a los símbolos masónicos en patrones de diagonales y plazas cada sexta calle. El capítulo por Víctor Lorenzo detalla la cartografía espiritual de este asiento de Satanás (véase el capítulo 7).

8. Fortalezas sectarias

Las fortalezas sectarias causan divisiones entre las iglesias, orgullo en doctrinas y creencias, e idolatría de denominaciones o sistemas particulares de creencias, que producen aislamiento del resto del Cuerpo de Cristo.

La definición que da el diccionario [en inglés] de un sectario es: «persona caracterizada por un punto de vista estrecho y de facción; cuerpo religioso cismático; estrecho de mente».

Creo que las fortalezas sectarias son con frecuencia las más críticas. La Biblia dice que una casa dividida contra sí misma caerá (véase Marcos 3.25). Muchas iglesias *están* divididas. Satanás ha enviado sus mejores expertos en guerrillas para apagar la unidad entre los amigos del pacto y, en algunos casos, han tenido éxito en unas pocas escaramuzas en nuestras ciudades; pero todavía no ha ganado la guerra, ¡ni la ganará!

Este no es un mensaje nuevo para la iglesia. Ha sido predicado por años. Tengo una teoría respecto a nuestra incapacidad de lograr unidad entre denominaciones más pronto: Estamos tan ocupados luchando dentro de nuestras propias denominaciones, que no podemos aguantar añadir más variables a la situación.

La unidad es crítica mientras buscamos las tierras prometidas de nuestras ciudades. Examinemos el patrón para la toma de la tierra prometida que nos da el libro de Josué:

A. Todas las tribus fueron juntas. ¿Cuáles son las tribus hoy? La tribu de los bautistas, la tribu de los nazarenos, la pentecostal, los congregacionales, los carismáticos, y así por el estilo.

B. Todos fueron al mismo tiempo. Esto fue necesario porque cada tribu tenía capacidades especiales necesarias para apoderarse de la tierra.

Yo solía ser tan ingenua como para pensar que el diablo inventó las denominaciones. Solamente *mi* denominación evangélica conservadora iba a traer avivamiento. Cuando todo el mundo llegara a ser semejante a nosotros, entonces Dios podría trabajar. Ni siquiera sabía que tenía una fortaleza sectaria. Entonces participé en la renovación carismática y pensé que *nosotros* éramos los únicos que traeríamos avivamiento y que todos los demás se lo perderían. Cambié los letreros pero conservé la misma fortaleza. Finalmente el Señor empezó a dejarme convicta de mi sectarismo.

C. Los sacerdotes iban primero con el arca. Nótese que el agua no se dividió sino cuando un líder de cada tribu entró también con el arca al Jordán (véase Josué 3.9-17). Muchas veces las personas en la congregación están más dispuestas a reunirse en unidad que los líderes, pero es esencial que los líderes dirijan. Algunas posibles razones para la falta de disposición de parte de los líderes para la unidad son:

- Orgullo de doctrina;
- Temor de rechazo;
- Idolatría de la denominación o movimiento;
- Temor de perder miembros;
- Agotamiento por otras exigencias del ministerio.

Una manera en que el Señor trabajó con mi fortaleza sectaria fue hacerme pensar respecto a la doctrina eterna. Tal vez usted nunca ha pensado antes respecto a ella de modo que permítame hacerle una pregunta: Cuando usted esté ante el trono de Dios, ¿qué es lo que Él le va a preguntar respecto a lo que usted creía? ¿Le preguntará cómo fue usted bautizado, o cómo tomaba la Santa Cena? ¿Le preguntará qué es lo que usted creía respecto a los dones del Espíritu? ¿Querrá Él saber si usted hablaba en lenguas?

Pienso que no. Al buscar Él su nombre en el Libro de la Vida del Cordero, lo más probable que le preguntará es: «¿Has nacido de nuevo? ¿Has sido limpiado en la sangre del Cordero?» Esta es la *doctrina eterna*. Las fortalezas sectarias nos ciegan a tales cosas.

9. Fortalezas de iniquidad

Las fortalezas de iniquidad proceden de los pecados de los padres que producen iniquidad o debilidad hacia ciertos tipos de pecados en las generaciones sucesivas.

Mi primer entendimiento de esto me llegó al tratar con las iniquidades generacionales y personales. Más tarde llegué a comprender que estas iniquidades también trabajan en las culturas, y traen esclavitud, algunas veces inclusive maldiciendo naciones enteras por los pecados de sus padres. También afecta las denominaciones e iglesias en donde el pecado de sus líderes se han convertido en fortalezas o iniquidades en las generaciones sucesivas de la iglesia. Esto puede abrir una puerta para que los poderes demoníacos traigan pecado a la iglesia. Estas iniquidades con frecuencia se ocultan por medio de las tradiciones de la iglesia.

La fortaleza de la tradición puede producir legalismo. Las culturas que tienen raíces en la veneración de los antepasados son particularmente susceptibles a esto. Una iglesia en otra nación rehusó eliminar un enorme tocón medio podrido para dar lugar a un nuevo edificio debido a que el fundador de la iglesia había plantado ese árbol 90 años atrás. Este tipo de legalismo los deja susceptibles a la esclavitud demoníaca.

Otra iglesia tenía un historial de pecado sexual. Los pastores y líderes se arrepintieron de estos pecados en la vida de su iglesia. Llegaron al punto de sacar la piedra angular del edificio, porque fue colocada por un pastor que fue culpable de este engaño. Luego pusieron una nueva piedra con el nombre de Jesús labrado en ella. Luego ordenaron que toda contaminación y pecado del padre espiritual de su iglesia fueran quebrantada. Como resultado rompieron el poder del pecado sexual en su iglesia. La atmósfera espiritual cambió.

Las naciones también tienen iniquidades. Los pecados de los padres de una nación y el pueblo de dicha nación pueden arrastrarla bajo juicio. Muchos hoy están orando las Escrituras de 2 Crónicas 7.14: «Si se humillare mi pueblo, sobre el cual mi nombre es invocado, y oraren, y buscaren mi rostro, y se convirtieren de sus malos caminos; entonces yo oiré desde los cielos, y perdonaré sus pecados, y sanaré su tierra».

«Sanaré su tierra». Este es un concepto interesante. Daniel comprendió muy bien esto cuando oraba y clamaba a Dios: «Hemos pecado, hemos cometido iniquidad» (Daniel 9.5).

Nehemías confesó al Señor: «Yo y la casa de mi padre hemos pecado» (Nehemías 1.6). También confesó los pecados de Israel, su nación.

Los pecados de las naciones pueden producir fortalezas nacionales. Estas afectan muchos aspectos de la cultura de los pueblos que viven en esa nación. Estos pecados también pueden darle a los poderes territoriales el derecho legal de endemoniar sus culturas.

Estas son las puertas del infierno. Podemos estar en una esquina y gritarle todo el día al diablo que se vaya de nuestra ciudad, pero estamos actuando simplemente con presunción y haciendo ruido cuando él tiene el derecho legal de regir por los pecados de las personas que viven en la ciudad.

¿Cuáles son los pecados de las naciones que producen fortalezas? ¿Cómo podemos descubrir las iniquidades de una nación? ¿Qué pasos tomaremos en oración para volvernos de nuestros caminos impíos y romper las iniquidades de nuestras naciones? Estas son preguntas importantes en la cartografía espiritual. Algunas de las respuestas serán descritas en detalle en la segunda sección de este libro.

—PREGUNTAS DE REFLEXIÓN—

1. Cindy Jacobs cree que la inundación en Rosario, Argentina, se detuvo porque el conjuro sobre la ciudad había sido roto. ¿Concuerda usted? ¿Por qué?
2. Se nos enseña que «ver es creer». Converse respecto a algunas de las falacias que hay en esta afirmación, a la luz de este capítulo.
3. Cindy Jacobs explica nueve clases diferentes de fortalezas. Trate de expresar verbalmente qué es una fortaleza en general. ¿Cómo lo explicaría a algún amigo?
4. Lea en voz alta los nombres de las nueve clases de fortalezas. ¿Cuántas puede usted aplicar a su propia ciudad? Describa lo mejor que pueda aquellas que se aplican.
5. ¿Tienen en su ciudad una fortaleza sectaria? Si es así, ¿qué pasos concretos podrían darse en los próximos seis meses para debilitarla?

Cartografía espiritual para acciones de oración profética

CUATRO

Por Kjell Sjöberg

K *JELL Sjöberg por años ha sido reconocido como pionero en la guerra espiritual a nivel estratégico. Después de ser líder de «Interce- sores por Suecia» por 10 años, ha viajado por muchas naciones, por todo el mundo, para ense- ñar seminarios avanzados sobre la oración y guiar equipos de oración. Autor de* Winning the Prayer War *[Gane la guerra de oración] Kjell (pronúnciese «Shell») es también coordinador nacional para Suecia de la «Red de Guerra Espi- ritual del Sendero de Oración Unida del Movi- miento del Año 2000 A.D.»*

«Cartografía espiritual» es un término acuñado para referirse a la investigación que hacemos con anterioridad a lo que me gusta llamar una «acción de oración». Obviamente, cuando oramos podemos orar más eficazmente si estamos mejor informados.

UN PUEBLO QUE ORA BIEN INFORMADO

Un amigo mío intercesor que también es hombre de negocios tuvo una oportunidad de visitar a nuestro primer ministro y presentarle un proyecto industrial. Llegó bien preparado con la documentación necesaria y estaba listo para responder a cualquier pregunta técnica o económica que el primer ministro pudiera hacer.

Poco después estaba buscando al Señor en un área de oración. Sintió que el Señor le hablaba y le hizo algunas preguntas: «¿Recuerdas cuando visitaste a tu primer ministro? ¿Cuánto te preparaste para esa reunión? Hoy estás buscando mi rostro en una cuestión muy importante. Yo soy el Rey de reyes. ¿Cuánto te has preparado para estar bien informado respecto al aspecto que me estás presentando?» Mi amigo respondió sinceramente: «No me he preparado de la misma manera que lo hice cuando fui a ver al primer ministro». Sintió que el Señor le decía: «Regresa otro día y ven bien preparado, porque antes de que yo responda a tu oración quiero que estés bien informado».

Los intercesores leen los periódicos y ven los noticieros en la televisión, y por ellos perciben cuestiones específicas por las cuales orar. La mayoría de los intercesores se interesan en seguir el curso de las noticias porque las respuestas a las oraciones con frecuencia se informan en las primeras páginas de los periódicos. Yo reto a los intercesores que asumen responsabilidad por ciudades y naciones a informarse tan bien como lo haría un oficial de policía o el editor de un periódico.

Hubo un tiempo cuando los «Intercesores por Suecia», el ministerio en que sirvo, tenía un «gabinete sombra» de hombres y mujeres que asumieron bajo su responsabilidad cada uno de los portafolios del gobierno. Como vigilantes se les asignó la responsabilidad de proveer información a quienes estaban orando por la nación. Uno era responsable por el medio ambiente, otro por la industria y el comercio, y un tercero por la agricultura, y así por el estilo.

Podemos orar en el espíritu y obtener del Espíritu Santo información, pero también debemos orar con nuestro entendimiento. El concepto básico de la cartografía espiritual es que cuando oramos necesitamos estar tan bien informados como nos sea posible.

PERSONAS CON UN DON PARA LA CARTOGRAFÍA

Cuando selecciono los miembros de un equipo para una acción dada de oración intento reunir personas con una variedad de dones espirituales. Un pastor es necesario entre los guerreros de oración, uno que es responsable por nuestra protección y que puede preocuparse por el débil, el cansado y el herido. Otros tienen dones para la cartografía espiritual. He tenido incluso un audaz espía maestro en mi equipo.

Una vez, cuando se celebró en Suecia un congreso mundial espiritista, nuestro espía maestro se sintió impulsado a inscribirse como delegado. Al mismo tiempo organizó una conferencia de oración en una iglesia cercana. Asistía a las sesiones del congreso espiritista, reunía información, y luego cruzaba la calle y se iba a la iglesia para informar a los intercesores, los cuales usaban esa información en la guerra espiritual. El congreso espiritista acabó siendo un fracaso y un desastre económico.

No recomendaría a nadie hacer esto. Este hermano es una de las pocas personas que tienen tales dones y tal llamamiento de Dios. Sin la dirección de Dios estas actividades pueden ser resultado de la presunción y peligrosas.

Para poder espiar en una sociedad en Suecia que está intentando revivir la antigua religión de los vikingos y está adorando a los dioses Asa, el mismo espía intercesor se hizo miembro de dicha sociedad. Por supuesto, no usó su nombre real. En su puerta tenía dos placas con nombres intercambiables. Siempre está bien informado respecto a las actividades de los grupos de la Nueva Era y de los satanistas, y tiene olfato para rastrear la información que necesitan los guerreros de oración.

En estos días, cuando tenemos una conferencia de oración o un plan para una acción de oración, usualmente preparamos de antemano un documento que reúne información sobre la historia de la ciudad desde una perspectiva espiritual. Esto les provee a los guerreros de oración una comprensión más completa del campo de batalla al cual están a punto de entrar.

CARTOGRAFÍA ESPIRITUAL EN BERGSLAG, SUECIA

Tenemos en Suecia un área llamada Bergslag, en donde la membresía de las iglesias ha ido disminuyendo y había mucho desempleo. Se decidió cerrar la fábrica de hierro, la cual tenía alrededor de 600 obreros. Un domingo por la noche el pueblo entero de Grängesberg protestó apagando todas las luces eléctricas en los hogares, las calles y los almacenes. Los noticieros de la televisión mostraban un pueblo en tinieblas. Fue una demostración de desesperanza, la gente no veía ningún futuro para la ciudad. El precio de los bienes raíces se vino al suelo, y era casi imposible vender una casa.

En ese tiempo decidimos iniciar seis meses de oración de guerra y concluir nuestra campaña de oración con un fin de semana de proclamación victoriosa de esperanza en el futuro. Mi amigo Lars Widerberg, el espía de nuestro equipo de oración, hizo la cartografía espiritual y descubrió que había 17 centros de la Nueva Era en el área. Cada vez, en toda nuestra historia, cuando la libertad de nuestra nación se vio amenazada, los campesinos de Bergslag se convirtieron en los luchadores de la libertad que salvaron a la nación.

Bergslag era el lugar natal de la industria en Suecia y ahora se encaminaba al olvido.

La primera fábrica en la historia de Suecia estaba para entonces ocupada por una comunidad conectada con la «Fundación Findhorn» de Inglaterra, la cual confesaba que Lucifer era la fuente de su poder. Fuimos al centro Lucifer para tomar café. Para los extraños parecíamos simplemente un grupo en agradable conversación mientras que nos mirábamos a los ojos el uno al otro y proclamábamos el señorío de Jesús sobre la comunidad. Dos meses más tarde cuatro miembros de esa comunidad vinieron al Señor y fueron llenos con el Espíritu Santo. El Señor nos dio el botín de nuestra acción de oración.

Lars también descubrió que en el área de Bergslagen vivía una médium espiritista que aducía ser el canal del espíritu de Jambres, un egipcio que vivió hace como 3,000 años. Organizamos un autobús de oración lleno de intercesores, y nos detuvimos frente a cada centro de la Nueva Era en la ciudad para orar. El autobús de oración también se detuvo en las afueras de cada pueblo del área. Oramos para que los líderes políticos locales recibieran sabiduría de Dios para resolver los problemas del desempleo del área. Oramos para que usaran los fondos públicos con sabiduría y honestidad. Libramos la guerra espiritual contra el espíritu de Jambres. Jambres fue uno de los magos egipcios que resistió a Moisés y a Aarón para estorbar el éxodo de Egipto.

Tuvimos una ardua batalla, y atravesamos el fuego de la oposición de los medios locales de comunicación masiva, que no podía entender nuestra audacia de proclamar un nuevo día para Bergslag. Esa noche, cuando desafiábamos directamente al espíritu de Jambres, empezó la oposición y aumentó hasta el fin de semana cuando proclamamos un nuevo día para Bergslag. La oposición nos ayudó a creer que habíamos dado en el blanco. Jambres bien puede haber sido el espíritu territorial del área.

El día después de la proclamación de victoria el gobierno destinó mil millones de coronas suecas (150 millones de dólares) al área. Inmediatamente los precios de las propiedades subieron, y el desempleo se redujo. La fundición de hierro se cerró, pero todos los trabajadores consiguieron nuevos empleos. Nuestra acción de oración trajo la unidad entre pastores e iglesias, y los mantuvo orando juntos. Cuando los medios de comunicación masiva reportaron los cambios en el área usaron las mismas palabras que nosotros habíamos usado en nuestras proclamaciones de oración, pero, por supuesto, no mencionaron ninguna relación de causa y efecto.

LA ORACIÓN Y LA GEOGRAFÍA

La oración tiene una dimensión geográfica, y por consiguiente muchos de los intercesores experimentados se interesan en los mapas. Las paredes de mi sala de oración están cubiertas de mapas. En una pared tengo un mapa mundial; en otra un enorme mapa de Estocolmo. Me ha estimulado saber que algunos de mis amigos también tienen mapas en sus habitaciones de oración. Muchas veces me quedo de pie frente al mapa mundial mientras estoy orando.

Cuando era joven Watchman Nee me abrió los ojos a la dimensión geográfica de la oración por medio de su libro *The Prayer Ministry of the Church* [El ministerio de oración de la Iglesia].[1]

Al enseñarnos a orar «Venga tu reino», el Señor está diciendo que hay un reino de Dios en el cielo, pero que en esta tierra no lo hay, y que por consiguiente debemos orar que Dios extienda los límites de su reino en los cielos para que lleguen hasta esta tierra. En la Biblia se habla del reino de Dios en términos geográficos tanto

---

1. Watchman Nee, *The Prayer Ministry of the Church* [El ministerio de oración de la Iglesia], Christian Fellowship Publishers, Inc., Nueva York, NY. p. 47.

como en términos históricos. La historia es asunto de tiempo, en tanto que la geografía es asunto de espacio.

De acuerdo a las Escrituras el factor geográfico del reino de Dios excede al factor histórico. «Si yo por el Espíritu de Dios echo fuera los demonios», dijo el Señor Jesús: «Ciertamente ha llegado a vosotros el reino de Dios» (Mateo 12.28). ¿Es esto un problema histórico? No; es un problema geográfico. Dondequiera que el Hijo de Dios echa fuera demonios por el Espíritu de Dios, allí está el reino de Dios. De modo que durante este período de tiempo el reino de Dios es más geográfico que histórico. Si nuestro concepto del reino es siempre histórico, hemos visto solamente un lado del mismo, no el cuadro completo.

El Señor está llamando intercesores para que asuman la responsabilidad por ciudades y naciones y grupos de personas. Las fronteras geográficas nos muestran nuestras áreas de responsabilidad. De acuerdo a Hechos 17.26,27 el Señor ha determinado los límites en donde las personas viven, de modo que debemos buscar al Señor dentro de esas fronteras. Hemos enviado equipos de oración a orar a lo largo de las fronteras de Suecia. Dividimos las fronteras de la costa en 50 segmentos, y pedimos a una iglesia o grupo de oración que recorra o viaje a lo largo de ese segmento del límite y ore allí.

Algunas veces hemos ido a las fronteras de áreas cerradas al evangelio y hemos orado porque esas naciones se abrieran. Dos veces antes de que el régimen comunista de Albania cayera dirigí equipos de oración que oraron en las fronteras del Albania. Otros hicieron acciones similares de oración. Antes de que Dinamarca tuviera su referéndum, cuando la mayoría votó no al acuerdo Maastrich de una unión europea, los intercesores realizaron caminatas de oración a lo largo de la frontera entre Alemania y Dinamarca, porque percibían que el acuerdo sería un retroceso para el evangelio.

LA GEOGRAFÍA ESPIRITUAL EN LA BIBLIA

La Biblia atribuye importancia espiritual especial a ciertos sitios geográficos. Por ejemplo, el Señor diseñó una geografía espiritual única para la tierra prometida, muy diferente de la que hallamos en los mapas ordinarios. Seis ciudades fueron seleccionadas como ciudades de refugio. Cuarenta y ocho ciudades fueron dadas a los sacerdotes y a los levitas. Cuando entraron en la tierra prometida los hijos de Israel debían buscar el lugar que el Señor había escogido para poner su nombre en una morada. David halló que ese lugar era Jerusalén. En algunas áreas geográficas se proclamó una bendición especial, tal como cuando Moisés bendijo a José y dijo: «Bendita de Jehová sea tu tierra, Con lo mejor de los cielos, con el rocío, Y con el abismo que está abajo. Con los más escogidos frutos del sol[...] Con el fruto más fino de los montes antiguos, Con la abundancia de los collados eternos» (Deuteronomio 33.13-15).

Ángeles salieron al encuentro de Jacob al cruzar este una frontera. Él dijo: «Campamento de Dios es este». De modo que llamó aquel lugar Mahanaim, que significa «dos campamentos» (véase Génesis 32.1,2). Otro cruce de fronteras fue llamado Mizpa, que significa «atalaya». Labán dijo: «Atalaye Jehová entre tú y yo, cuando nos apartemos el uno del otro» (Génesis 31.49). Jacob proclamó que ninguno pasaría ese majano con intención maligna contra el otro (Génesis 31.48-53).

Samuel levantó una piedra en la frontera con los filisteos después que los derrotó. Samuel «le puso por nombre Eben-ezer, diciendo: Hasta aquí nos ayudó Jehová. Así fueron sometidos los filisteos, y no volvieron más a entrar en el territorio de Israel» (1 Samuel 7.12,13).

GEOGRAFÍA SAGRADA Y PLANEAMIENTO OCULTISTA DE LA CIUDAD

El antropólogo estadounidense Johan Reinhard hizo un estudio extensivo de las montañas de los Andes de Perú y

Bolivia. Informando en la revista *National Geographic* sobre sus hallazgos, concluye: «El paisaje no era meramente una región de topografía desafiante, sino en realidad un complejo mapa religioso. Las montañas eran hitos espirituales repletos de significación mágica».[2]

Reinhard informa que las montañas sagradas se relacionaban unas con otras bajo *Illimani*, el dios supremo de las montañas, de quien se podría decir que era el espíritu territorial. El artículo está ilustrado con mapas de las montañas y lagos sagrados de los Andes. De Machu Pichu, la cuna del imperio inca, Reinhard dice: «La ubicación de Machu Pichu permite una combinación de la geografía sagrada y un alineamiento astronómico que no tiene igual en los Andes».[3]

Me pongo espiritualmente alerta cuando leo sobre ríos sagrados, lagos, bosques, parques, ciudades o montañas sagradas. Las Escrituras dicen: «Los montes llevarán paz al pueblo, y los collados justicia» (Salmos 72.3). Satanás quiere bloquear el flujo de bendición que Dios ha intentado dar por medio de su creación, por consiguiente arrastra a la gente a que adoren sitios geográficos. Hemos visto irrupciones y cambios en la atmósfera cuando hemos realizado guerra de oración en lugares dedicados a los demonios.

Al levantar la cartografía espiritual a menudo descubrimos un planeamiento ocultista de la ciudad, con raíces en Babilonia y Egipto, en ciudades y suburbios recientemente construidos, tales como las que Víctor Lorenzo describe en el capítulo 7. En Babilonia las puertas estaban dedicadas a los dioses de la ciudad, y un zigurat se hallaba ubicado en el mismo centro de ella. En muchas capitales y ciudades del mundo hallamos obeliscos levantados, algunas veces en el punto cero, desde donde se miden todas las distancias. Un obelisco es un símbolo fálico de la francmasonería, conectado con la fertilidad, y esculpido en una forma que era

2. Johan Reinhard, «Sacred Peak of the Andes» [Picos sagrados de los Andes] *National Geographic Magazine*, marzo de 1992, p. 93.
3. *Ibid.*, p. 109.

sagrada en la antigüedad al sol dios egipcio *Re* o *Ra*. Los obeliscos y tótems se erigen como majanos en los distritos de los dioses a los cuales se los dedica.

La meditación transcendental en Suecia está construyendo una aldea modelo en Skokloster, bajo las instrucciones de Maharishi y de acuerdo a la arquitectura veda hindú llamada *Sthapatya-veda*, la ciencia del medio ambiente de vida perfecta. Esta ciencia enseña que las casas deben saludar al sol, por consiguiente todas deben tener su entrada hacia el este. Igualmente, todas las casas y calles deben construirse en un patrón cuadriculado que encaje en las líneas de la maleza o puntos de poder de manera de no perturbar el flujo de la energía síquica. La aldea se construye con el centro de meditación en su medio y toda casa tiene una pequeña torre de meditación.

ACCIONES DE ORACIÓN PROFÉTICA

Las acciones de oración profética se hacen solamente por mandato del Señor, en el tiempo perfecto que Él determina, y de acuerdo a la estrategia que el Señor ha revelado al equipo.

Antes de que Gedeón tuviera su ejército de 300 guerreros escogidos usó una guerrilla pequeña de 10, en una de las primeras acciones guerrilleras registradas en la historia. Gedeón obedeció el mandato del Señor por la noche, y llevó a 10 de sus siervos para derribar el altar de Baal que su padre tenía, haciendo pedazos la estatua de Asera que estaba junto a él, y edificando en el mismo lugar el altar apropiado al Señor. (Véase Jueces 6.25-27.) Esta fue una acción de oración divinamente asignada.

Elías es otro ejemplo de intercesor. La palabra de Dios vino a Elías: «Levántate, desciende a encontrarte con Acab rey de Israel[...] que está en la viña de Nabot de Jezreel» (véase 1 Reyes 21.17-18). Elías encontró a Acab justo cuando éste venía a tomar posesión de la viña después de que Nabot había sido asesinado. De la misma manera el Señor nos está asignando tareas divinas para estar en el lugar preciso en el momento que Dios escoge, y para confrontar el mal en lugares altos.

Las acciones de oración profética están conectadas específicamente con equipos de oración enviados al frente de batalla de las naciones cerradas al evangelio. Estos equipos viajan a poblaciones no alcanzadas, a países musulmanes, a áreas de desastres, a los cuarteles del enemigo, a las fortaleza de Mamón, y a tales lugares a donde a los ángeles no les gusta ir.

Las acciones de oración profética a menudo se generan en grupos que se reúnen regularmente para interceder por ciudades y naciones. La oración continua por las ciudades y naciones forma una base poderosa desde la cual nacen acciones de oración específicas conforme el Señor le habla al grupo. Luego, con frecuencia se escoge un equipo pequeño, y se lo envía en jornadas de oración u otras asignaciones.

Como líder de oración creo que Dios me considera responsable por la protección de los intercesores de mi equipo. Siempre me pregunto a mí mismo: ¿Hasta dónde podemos ir? ¿Para qué está preparada esta gente? ¿Cuál es el horario que Dios tiene asignado para nosotros? ¿Son estos intercesores suficientemente maduros en el Espíritu como para comprender lo que vamos a hacer? Dios nos muestra muchas cosas respecto a la guerra espiritual que no sería sabio mencionarlas en una nutrida reunión de oración. Después de una numerosa reunión con frecuencia llamamos aparte a un grupo pequeño de personas con discernimiento para efectuar un seguimiento intensivo. A veces es dañino atraer la atención del público o permitir la cobertura por parte de los medios masivos de comunicación.

¿POR QUÉ LLAMAMOS PROFÉTICAS A LAS ACCIONES DE ORACIÓN?

Al describir algunas de las acciones de oración usamos el término «proféticas» porque oramos que la palabra profética de Dios se cumpla. Parte de la cartografía espiritual es pedirle a Dios palabras proféticas y visión concerniente a las iglesias, ciudades y naciones. Los profetas de la Biblia hablaron palabras proféticas sobre naciones en el Medio Oriente, tales como Irán, Irak, Líbano, Israel y Etiopía. Cuando hicimos recientemente un viaje de oración profética a Egipto oramos por el cumplimiento de Isaías 9, una profecía dirigida a Egipto. Con frecuencia usamos la palabra profética como un arma en la oración.

También hay que considerar una dimensión de tiempo profético en la oración. El Señor nos está adiestrando para saber su voluntad respecto al tiempo. Él quiere intercesores presentes en los puntos de encrucijada de la historia cuando: «Él muda los tiempos y las edades, quita reyes, y pone reyes» (Daniel 2.21). Por consiguiente, Dios levanta intercesores para que cooperen con Él, en el preciso momento cuando están a punto de ocurrir cambios que pueden abrir una nación al evangelio. Antes de que podamos empezar a construir y a plantar, debemos desarraigar, derribar, destruir y echar fuera las estructuras del reino de las tinieblas, conforme Dios le dijo a Jeremías (véase Jeremías 1.10).

Muchas veces el Señor nos ha urgido a reunir al pueblo de Dios para oración durante ciertas fechas sin que sepamos exactamente por qué. Tres veces hemos sido guiados a convocar conferencias nacionales de oración en ocasiones cuando grupos de la Nueva Era celebraban sus conferencias nacionales. Empezamos y concluimos al mismo tiempo, sin saber propiamente respecto al programa de la reunión de la Nueva Era, pero de alguna manera sentimos que Dios nos quería en oración ante Él. En Madrid incluso alquilamos el mismo centro de conferencias, que era lo suficientemente grande como para permitir la celebración simultánea de dos conferencias.

En ocasiones el Señor nos urge a orar cuando hay alta actividad en el mundo oculto. Estos son días cuando el reino de Dios está avanzando y cuando se están abriendo nuevas puertas para la Iglesia. La iglesia que dormita mientras Satanás está activo acabará deprimida y derrotada.

Motivaciones para la acción de oración profética

Los intercesores están llamados a servir a los evangelistas y preparar el camino para que las almas sean salvadas. Son llamados a un ministerio sacerdotal de estar ante el Señor como representantes del pueblo, a confesar los pecados del pueblo y a clamar misericordia.

Los pecados individuales estorban la comunión íntima de la persona con Dios. Los pecados colectivos estorban al Espíritu de Dios en cuanto a manifestarse en una comunidad. El Señor ha planeado llenar la tierra con su gloria; pero en el pasado han ocurrido cosas desafortunadas que más bien velan su gloria. Jesús habló a los líderes religiosos de Jerusalén acerca del pecado colectivo de la ciudad, el pecado de no haber recibido a aquel a quien el Señor envió. «Así que dais testimonio contra vosotros mismos, de que sois hijos de aquellos que mataron a los profetas. ¡Vosotros también llenad la medida de vuestros padres!» (Mateo 23.31-32).

La culpabilidad que nunca ha sido enfrentada es una invitación abierta a los poderes demoníacos. Antes de que podamos atar al hombre fuerte necesitamos enfrentar los pecados que le han dado al enemigo el derecho legal de ocupar el sitio. El diablo y sus principados han sido derrotados por Jesús en la cruz, y no podrían ser capaces de quedarse a no ser por viejas invitaciones que nunca se cancelaron.

El profeta Oseas acusó a Israel de no haber enfrentado un pecado que tenía ya casi 250 años: «Desde los días de Gabaa has pecado, oh, Israel; allí estuvieron» (Oseas 10.9).

Moisés instruyó a los ancianos de la ciudad qué hacer con el pecado corporativo. Cuando se hallaba en el campo alguna persona asesinada y no se sabía quién era el homicida, los ancianos de la ciudad más cercana debían ofrecer sacrificio y orar: «Perdona a tu pueblo Israel, al cual redimiste, oh Jehová; y no culpes de sangre inocente a tu pueblo Israel». Luego dice: «Y la sangre les será perdonada. Y tú quitarás la culpa de la sangre inocente de en medio de ti, cuando hicieres lo que es recto ante los ojos de Jehová» (Deuteronomio 21.8,9).

Es importante comprender aquí la diferencia entre el pecado individual y el pecado colectivo. Cuando los incrédulos se arrepienten y confiesan sus pecados personales y creen en Jesús, son salvados. Nadie más puede tomar su lugar y confesar sus pecados por ellos. Esto, sin embargo, no es cierto para el pecado colectivo. Los intercesores pueden confesar el pecado colectivo incluso aun cuando ellos mismos no hayan participado en el pecado, y así puede eliminarse lo que ha disgustado a Dios. Cuando esto ocurre Dios puede derramar su Espíritu. Entonces llegará a ser más fácil que los inconversos oigan el evangelio de Cristo, se arrepientan de sus pecados personales y sean salvados. Así es como la intercesión a nivel estratégico allana el camino para la evangelización eficaz.

Esdras nos da un ejemplo. En agonía ante Dios confesaba los pecados de sus antepasados, clamando: «Desde los días de nuestros padres hasta este día hemos vivido en gran pecado; y por nuestras iniquidades nosotros, nuestros reyes y nuestros sacerdotes hemos sido entregados en manos de los reyes de las tierras, a espada, a cautiverio, a robo, y a vergüenza que cubre nuestro rostro, como hoy día» (Esdras 9.7).

SIETE PREGUNTAS CRUCIALES PARA LA CARTOGRAFÍA ESPIRITUAL

Hasta este punto he tratado sobre algunos de los principios fundamentales de la cartografía espiritual, los cuales hemos recogido a través de años de realizar acciones de oración profética. Por la experiencia hemos adquirido cierta perspectiva de qué clase de investigación es más valiosa que otra para dar dirección a pastores e intercesores para que tomen una ciudad o un área para Dios. Así han surgido siete preguntas cruciales que hemos hallado como las más provechosas para la clase de oración de guerra en la que Dios nos usa a mis colegas y a mí en forma más consistente. Otras preguntas pudieran ser más útiles para los que tienen otras tareas asignadas.

1. ¿Cuáles son los principales dioses de la nación?

Cuando el Señor libró a Israel de Egipto, dijo: «Ejecutaré mis juicios en todos los dioses de Egipto. Yo Jehová» (Éxodo 12.12). Cuando oramos por la libertad del pueblo de la Unión Soviética primero hicimos una lista de sus dioses y le pedimos a Dios que los juzgara. Cuando voy a algún país usualmente busco cuál dios está adorando el presidente o el rey, y a cuales dioses adoran los líderes del mundo de negocios.

El dios griego *Hermes*, cuyo nombre romano era *Mercurio*, es honrado en la comunidad de negocios de muchas naciones. Hallamos su estatua en algunas de las principales bolsas de valores del mundo. *Hermes* es el protector de la gente en el mundo de los negocios, de los ladrones y los oradores. El mismo es el ladrón maestro según la mitología griega. Detrás de muchos ídolos se hallan demonios que exigen adoración.

Nos sentimos guiados a orar en el mismo sitio de la bolsa de valores de Tokio, y en el nombre de Jesús quitar a *Hermes* como protector de los ladrones. Esto fue en ocasión de la ceremonia *daijosi*, la cual Peter Wagner describe (véase el capítulo 2). Después de noviembre de 1990 un caso de corrupción tras otro ha sido sacado a la luz en la bolsa de valores de Tokio. Nunca ha sido lo mismo desde entonces, y todavía sigue cayendo al momento en que escribo estas líneas. Dios aborrece la codicia y tal vez estamos viendo juicio.

2. ¿Cuáles son los altares, lugares altos y templos conectados con la adoración a los dioses de la fertilidad?

Cuando Abraham llegó a la tierra prometida edificó un altar a Dios e invocó el nombre del Señor (véase Génesis 12.8).

Edificar un altar era incluir la tierra en el pacto entre Dios y su pueblo escogido. La tierra llegaba a estar en el pacto con el Señor. Cuando los paganos edificaban sus altares a sus dioses dedicaban la tierra en pacto a sus ídolos y a los ángeles de las tinieblas que se hallaban detrás de éstos.

La manera de poseer la tierra es: «Destruiréis enteramente todos los lugares donde las naciones que vosotros heredaréis sirvieron a sus dioses, sobre los montes altos, y sobre los collados, y debajo de todo árbol frondoso. Derribaréis sus altares, y quebraréis sus estatuas, y sus imágenes de Asera consumiréis con fuego; y destruiréis las esculturas de sus dioses, y raeréis su nombre de aquel lugar» (Deuteronomio 12.2,3). Esta es una clave para abrir las naciones al evangelio. En los tiempos del Nuevo Testamento lo hacemos mediante la oración de guerra. Antes de una acción de oración cartografiamos todos los lugares altos y altares dedicados a otros dioses. También investigamos para descubrir si han sido reactivados o son usados hoy por grupos de ocultismo.

3. ¿Se han dedicado a sí mismos a algún dios vivo los líderes políticos, tales como rey, presidente o jefe tribal?

Esto no es algo raro como algunos pueden pensar. ¿Se ha exaltado el fundador de la nación para que lo adoren como dios después de su muerte? Hemos hallado que poetas nacionales, héroes, santos y generales, son elevados a dioses después de que mueren. Cuando reyes o líderes políticos se han convertido en dioses y aceptan la adoración de parte de sus súbditos, han usurpado el lugar que le pertenece a Jesús. El emperador del Japón es un ejemplo, como Peter Wagner lo señala (véase capítulo 2).

Entre las tribus y naciones que resisten al evangelio a menudo hallamos que esta lealtad es un obstáculo para la libertad del evangelio. Este es un método que los dictadores usan hoy para crear una falsa unidad y exigir ciega obediencia en una nación. Dios envió un ángel para que hiriera a Herodes, quien había aceptado adoración como un dios vivo. Después de que tal obstáculo fue eliminado Lucas pudo escribir: «Pero la palabra del Señor crecía y se multiplicaba» (Hechos 12.24).

4. ¿Ha habido derramamiento de sangre que contamine la tierra?

Durante el reinado de David hubo hambruna por tres años consecutivos. David buscó el rostro del Señor. El Señor le dijo: «Es por causa de Saúl, y por aquella casa de sangre, por cuanto mató a los gabaonitas» (2 Samuel 21.1). David le hizo frente a la culpa que causó la hambruna a la manera del Antiguo Testamento, y Dios respondió la oración a favor de la tierra. La cosecha fue salvada de más destrucción.

5. ¿Cómo fue trazado el fundamento de la ciudad?

«Y los tuyos edificarán las ruinas antiguas; los cimientos de generación y generación levantarás, y serás llamado reparador de portillos, restaurador de calzadas para habitar» (Isaías 58.12).

Un grupo de investigación estudió la historia de Sidney, Australia, y halló que una tribu aborigen completa había sido exterminada cuando se construyó la ciudad. Otra ciudad fue fundada mediante la falsificación de documentos. El fundador de la ciudad tuvo que huir cuando se descubrió que los que le habían vendido la tierra habían sido engañados. En un área tribal se fundó un pueblo mediante un tratado con la tribu. Muy poco tiempo después se rompió el tratado, pero los que violaron el tratado con los miembros de la tribu pusieron después sus nombres a las calles. Cuando las personas de esas tribus recorren esas calles hoy recuerdan a las personas perversas que los engañaron.

Aalborg, en Dinamarca, fue originalmente fundada como mercado de esclavos en donde los vikingos podían vender como esclavos sus prisioneros de guerra. Una ciudad fundada sobre tal derramamiento de sangre tiene una maldición sobre sí. No es de sorprenderse que las iglesias no pueden

crecer en tierra maldita o en donde un siniestro ángel de
Satanás pudo establecer su trono desde el mismo comienzo.
El Señor dijo por medio de Ezequiel: «Así desbarataré la
pared que vosotros recubristeis con lodo suelto, y la echaré
a tierra, y será descubierto su cimiento» (Ezequiel 13.14).
Por medio de la cartografía espiritual el Señor está dejando
al descubierto los cimientos, como Víctor Lorenzo lo muestra respecto a la ciudad de La Plata (véase el capítulo 7).

6. ¿Cómo han sido recibidos los mensajeros de Dios?

«Y si alguno no os recibiere, ni oyere vuestras palabras, salid
de aquella casa o ciudad, y sacudid el polvo de vuestros
pies» (Mateo 10.14). Tal acción acarreará el juicio de Dios
sobre una ciudad.

Me dijo un pastor de Malaca, Malasia, que su iglesia no
crecía, ni tampoco las otras iglesias en su ciudad. Algo
bloqueaba sus esfuerzos evangelizadores. Luego llegó a
Malaca un profeta de Inglaterra que había leído la historia
de cómo el misionero católico Francisco Javier dejó Malaca.
La gente no quiso escuchar a Javier, de modo que él se fue
a una montaña y literalmente sacudió el polvo de sus pies.
El profeta inglés tomó un grupo de pastores de Malaca y
subió a la misma montaña, en donde se arrepintieron por
la acción de la ciudad al no recibir al mensajero de Dios más
de 400 años atrás. La maldición fue rota y el pastor dijo que
desde ese día las iglesias empezaron a crecer. Otras iglesias
y ciudades están bajo el juicio de Dios porque no recibieron
a los mensajeros de Dios, y esta es la razón por la cual la
tierra está desolada.

**7. ¿Cómo se construyeron los antiguos asientos de
poder?**

La cartografía espiritual para acciones proféticas nos lleva
a nuevas áreas.

Por ejemplo, en algunas naciones de África con alto
porcentaje de cristianos el tiempo es propicio para colocar

a más cristianos en posiciones de liderazgo nacional. Al orar por las elecciones y por los candidatos cristianos hemos descubierto que necesitamos desmantelar los antiguos asientos de poder para poder tener en autoridad líderes piadosos.

Los antiguos asientos de poder con frecuencia han sido levantados mediante pactos con ídolos. El oficio de presidente puede haber sido dedicado al espíritu territorial más poderosos de la tribu presidencial y a los muertos, sus antepasados. De esta manera el asiento de poder ha sido dedicado a un dios tras otro, y todos tienen sus propios reclamos sobre el oficio. Antes de que un golpe de estado deponga a un presidente tal vez se hayan sacrificado cabras y ranas por el éxito de la asonada. También es posible que se haya pedido consejo de algún brujo, el cual recibió un nuevo Mercedes Benz cuando el golpe de estado triunfó. Necesitamos cartografiar los asientos nacionales de poder para poder orar más eficazmente. Necesitamos preguntar: «Si los lugares de poder tienen espíritus, ¿es posible identificarlos?»

Necesitamos la puntería más precisa para darle al enemigo en su punto más vulnerable. Sabiduría en la batalla es ganar la victoria sin desperdiciar municiones.

¿CÓMO USAMOS LA CARTOGRAFÍA ESPIRITUAL?

La cartografía espiritual se usa a menudo como una confirmación de cosas que ya hemos visto en el Espíritu. Cuando nuestra estrategia de guerra ha sido confirmada por varias fuentes, podemos entonces avanzar con mayor intrepidez. Si el Señor nos revela el nombre del hombre fuerte de una ciudad, esto tiene que ser confirmado por medio de la

Escritura y por la historia. Si el hombre fuerte ha estado haciendo de las suyas por cientos de años, ciertamente ha dejado sus huellas en la historia y la geografía de la ciudad. Todo lo que necesitamos saber respecto a nuestro enemigo y sus tropas también se revela en la Biblia.

Usamos la cartografía espiritual cuando planeamos nuestra estrategia de oración. ¿Qué clase de armas de oración debemos usar? ¿Cuál es el carácter del campo de batalla? ¿En qué orden debemos tratar con las cuestiones? La confesión debe venir antes de la guerra. Primero cancelamos las invitaciones que se han extendido al hombre fuerte, antes de poder ordenarle que se vaya. La investigación también nos ayuda a saber el tiempo y a qué lugares debemos ir. La cartografía espiritual también muestra quiénes deben participar. Cuando tratamos con la cuestión del comercio de esclavos, por ejemplo, invitamos a representantes de las naciones que habían estado involucradas en el comercio de esclavos a que se arrepintieran por sus países. En la ocasión cuando tratamos con la cuestión de la inquisición española, invité a un descendiente directo de una familia judía que había sido expulsada de España a que participara junto con el equipo.

No somos esclavos de la investigación. No necesitamos usar todo el material preparado por anhelantes investigadores. David tenía cinco piedras cuando se enfrentó a Goliat en el campo de batalla, pero para derrotar al gigante usó solamente una de sus afiladas piedras. Necesitamos la puntería más precisa para darle al enemigo en su punto más vulnerable. Sabiduría en la batalla es ganar la victoria sin desperdiciar municiones.

Cuando hemos hecho la investigación y presentamos nuestros mapas espirituales a los ancianos de la ciudad, usualmente les pregunto: «¿Han lidiado en oración previamente con estas cosas?» No queremos repetir lo que los pastores y las iglesias ya han hecho. Una vez estuve con los pastores de Berlín y les pregunté: «¿Han lidiado ustedes con la culpa de la sangre de esta ciudad considerando que la Segunda Guerra Mundial empezó en Berlín y causó la muerte de millones de personas?»

«Nunca hemos pensado en eso, y nunca hemos oído a nadie en la iglesia confesar esta culpa de la sangre», fue la respuesta que recibimos.

Algunas veces la cartografía pone al descubierto hechos desconocidos respecto a áreas por las cuales ya se ha orado anteriormente. Eso nos da mayor libertad para lidiar con el área en un nuevo nivel de comprensión.

Oración en los cuarteles de la KGB en Moscú

En octubre de 1987 organizamos una acción de oración profética en Moscú, en conjunción con las celebraciones del septuagésimo aniversario de la Constitución Comunista Soviética. Daniel sabía que el tiempo había llegado para que intercediera por la liberación de su pueblo después de que descubrió la promesa profética de liberación después de 70 años de cautividad en Babilonia. El Señor demostró su poder al fijar los límites de los poderes malignos. Nos dio fe de que el mismo límite de tiempo había sido fijado para la opresión comunista en contra de los cristianos perseguidos y los *refusniks* judíos. Habíamos discernido cinco blancos de oración para esa noche en Moscú y uno de ellos era el cuartel de la KGB.

Para esta acción de oración se distribuyó material sobre la KGB a cada uno de los 12 miembros del equipo de oración. Escuchamos una conferencia de dos horas respecto a la organización de la KGB. Esta dependencia tenía 19,000 oficiales y 400,000 agentes trabajando en la Unión Soviética. Alrededor del mundo tenían un medio millón de informantes. El fundador fue Dzerzinsky y su estatua se erguía en la plaza frente a la prisión de Ljublanka. En el mapa de Moscú buscamos y marcamos los lugares conectados con la KGB en donde entrenaban a sus agentes, y la universidad Lumumba en donde reclutaban sus agentes de otras naciones.

Un minuto después de la medianoche del 17 de octubre de 1987, empezamos nuestra acción de oración cerca del cuartel de la KGB. Habíamos recibido dos palabras de conocimiento de un intercesor israelí y de una hermana en Escocia, ambas diciendo que nos veían orando en un túnel. Frente al cuartel de la KGB hay una estación subterránea, y un corredor subterráneo conduce a la plaza. Descubrimos que el túnel pasaba justo debajo de la estatua de Dzerzinsky. El Señor había provisto el lugar en donde podíamos orar en libertad sin que nadie nos perturbara.

Entramos en el túnel, y nadie más pasó por allí durante todo el tiempo que estuvimos orando. Aquí proclamamos el Mene, mene, tekel, uparsim, la escritura en la pared que había anunciado la caída del imperio babilónico (véase Daniel 5.25). Oramos: «En el nombre de Jesús te atamos, poder de Faraón, tu poder controlador sobre Asur, y te colocamos bajo los pies de Jesús. Proclamamos que tu tumba ha sido ya preparada. Arrancamos de raíz tu influencia».

El 22 de agosto de 1991 se retiró la estatua del fundador de la KGB. Los archivos secretos de la KGB han sido revelados. No hay más cristianos presos. Los refusniks judíos están volviendo a Israel.

EL TRATO CON LAS RAÍCES DE LA ESCLAVITUD EN ÁFRICA

En julio de 1992 líderes de oración de África Occidental convocaron a intercesores de todo el mundo para que vinieran a ayudarles a realizar una tarea intercesora histórica en Nigeria y África Occidental. La tarea era lidiar con las raíces de la esclavitud que todavía afecta la mentalidad de los africanos. Líderes negros de África han sido tratados por parte de su propia gente en la misma manera en que los comerciantes de esclavos trataron a los esclavos. La esclavitud todavía existe en Mauritania, y entre algunas tribus del Sudán.

En preparación para la conferencia de oración en Lagos investigamos el comercio de esclavos. Se levantaron mapas de la antigua costa de esclavos, famosa por su comercio de humanos. Reunimos información acerca de los puertos de esclavos y las fortalezas en cuyas mazmorras se encerraban antes de que pasaran por las puertas sin vuelta. Durante 400 años 80 millones de esclavos fueron embarcados desde la isla de Gori, cerca a Dakar. Llegó a ser un cruel lugar de selección, en donde decidían cuáles eran los más rentables para embarcarlos a los Estados Unidos. El resto era arrojado a los tiburones, o dejados para que murieran.

Durante este tiempo de arrepentimiento nos sorprendió ver a tantos africanos confesar que sus antepasados habían tomado parte para capturar esclavos y venderlos a los comerciantes de esclavos. Una mujer de Ghana, llorando, confesó que su padre le había dicho, con orgullo, cómo su tribu había vendido esclavos. Hoy, las familias que se enriquecieron vendiendo esclavos hace muchas generaciones tienen problemas que no pueden ser resueltos con dinero. Después de la conferencia de oración que lidió con las raíces de la esclavitud mediante el arrepentimiento y la guerra de oración, enviamos a nuestros equipos a que oraran en los centros y puertos de esclavos a lo largo de toda el África Occidental.

Sentimos que esta jornada de oración profética al África Occidental no ha derribado todas las fortalezas que el enemigo está usando para mantener en esclavitud gran cantidad de personas, blancas o negras. Sin embargo, algunos de los pecados corporativos arraigados en el comercio de esclavos ciertamente fueron confesados y remitidos. Mucho más queda por hacerse, y creo que se lo hará en un tiempo relativamente cercano, conforme el Espíritu Santo continúa hablando a las iglesias respecto a la guerra espiritual a nivel estratégico. Por todo el mundo Dios está levantando un gigantesco número de intercesores para reforzar el ejército espiritual. Una de las más grandes ayudas para estos intercesores será un aumento en la cartografía espiritual inteligente, caracterizada por discernimiento y sensibilidad al tiempo designado por Dios.

—PREGUNTAS DE REFLEXIÓN—

1. Kjell Sjöberg cuenta de una persona que se inscribió en un congreso espiritista para poder realizar espionaje espiritual. ¿Piensa usted que toda persona debería hacer cosas así? Si no, ¿quién debería hacerlo y quién no?
2. Discuta respecto a la importancia de los límites políticos. ¿Por qué es significativo orar a lo largo de tales fronteras? ¿Qué ocurre?
3. Algunas de las descripciones del Antiguo Testamento respecto a las acciones de oración profética parecen extrañas. No pensamos con mucha frecuencia en que Dios todavía desea tales cosas, pero evidentemente están sucediendo. ¿Cuál es su opinión respecto a hacer esto hoy? Dé razones.
4. Intente aplicar a su ciudad o a su nación las siete preguntas que sugiere Kjell Sjöberg, una por una.
5. ¿Por qué levantamos la cartografía espiritual? Repase las razones que menciona Sjöberg y discútalas.

Parte II:
La práctica

DE FORTALEZAS...

Cómo derrotar al enemigo con la ayuda de la cartografía espiritual

CINCO

Harold Caballeros

HAROLD CABALLEROS ES FUNDADOR Y PASTOR DE *la iglesia El Shaddai de la ciudad de Guatemala, una iglesia de varios miles de miembros. Antes de que Dios lo llamara al ministerio era abogado. Viaja mucho, enseñando la guerra espiritual a líderes cristianos de muchas naciones. Sirve como coordinador de área para la «Red de Guerra Espiritual» y como representante para América Latina del «Sendero de Oración Unida del Movimiento del Año 2000 A.D. y Más Allá». Su ministerio interdenominacional, Jesús es Señor de Guatemala, tiene inscritos alrededor de 20,000 intercesores en Guatemala.*

La guerra del Golfo Pérsico en 1991 fue diferente a todas las anteriores. Su corta duración, el vasto y diversificado nivel de tecnología, las comunicaciones altamente sofisticadas y el acopio de información que permitió coordinar las fuerzas aliadas, todo, contribuyó a lograr el objetivo con pocas bajas. La mayoría concordaría en que la tecnología sofisticada fue el principal factor que permitió esta victoria sin gran pérdida de vidas humanas.

La cartografía espiritual nos da una imagen o fotografía espiritual de la situación en las regiones celestes sobre nosotros. Lo que los rayos X son para el médico, la cartografía espiritual es para los intercesores.

CARTOGRAFÍA ESPIRITUAL

Lo natural es solamente reflejo de lo espiritual, y siempre existe una conexión entre ellos. Los que estamos interesados en la guerra espiritual estamos constantemente en busca de una mejor tecnología espiritual. Isaías 45.1-3 nos ayuda a darnos cuenta de que Dios revela nueva información a su pueblo de modo que podamos desempeñarnos mejor en la batalla y ganar la victoria. Podemos esperar que si Dios marchó delante de Ciro, «su ungido», es más que probable que hará lo mismo por nosotros. Él nos preparará el camino (v. 2), nos dará los tesoros de las *tinieblas* y las riquezas ocultas en lugares *secretos* (v. 3) para subyugar a las naciones.

La población del mundo sigue creciendo y nos vemos confrontados con un tremendo desafío: ¡tres mil seiscientos millones de personas que todavía no han oído el evangelio! Sin embargo, nuestro Dios es soberano y está revelando nuevas y mejores estrategias para que podamos alcanzar a esos millones en nuestra generación. Estoy convencido de que la cartografía espiritual es una de esas revelaciones. Es uno de los secretos de Dios que nos ayudan a abrir nuestros «detectores de radar» espirituales para mostrarnos la situación del mundo conforme la ve Dios, *espiritualmente*, y no como nosotros la vemos casi siempre, *naturalmente*.

Si tuviera que definir la cartografía espiritual diría: Es la revelación de Dios sobre la situación espiritual del mundo en que vivimos. Es una visión que va más allá de nuestros sentidos naturales y, por medio del Espíritu Santo, nos revela las huestes espirituales de maldad.

La cartografía espiritual nos da una imagen o fotografía espiritual de la situación en las regiones celestes sobre nosotros. Lo que los rayos X son para el médico, la cartografía espiritual es para los intercesores. Es una visión sobrenatural que nos muestra las líneas del enemigo, su ubicación, número, armas y, sobre todo, cómo se puede derrotar a ese enemigo.

La cartografía espiritual juega el mismo importante papel que la inteligencia y el espionaje durante la guerra. Revela las condiciones detrás de las líneas del enemigo. Es una herramienta espiritual, estratégica y sofisticada que es poderosa en Dios para ayudar a derribar las fortalezas del enemigo.

También debemos tomar nota de otra parte de nuestra visión sobrenatural, esto es, los millones de ángeles que Dios ha enviado para ministrar a aquellos que heredarán la salvación (véase Hebreos 1.14). Los ángeles obedecen su llamado. Son los guerreros celestiales que, como ejército disciplinado, reciben sus órdenes directamente del mismo cielo. Vienen a auxiliarnos y a ayudarnos a derrotar al enemigo (Daniel 10.13; Salmo 91.11; Apocalipsis 12.7).

La cartografía espiritual es un campo relativamente nuevo en nuestra comunidad cristiana, y colectivamente estamos aprendiendo mucho. Hay un consenso bastante amplio, sin embargo, en varias importantes premisas teológicas, las cuales voy a destacar. Serán útiles para quienes buscan una introducción al campo.

NUESTRA TAREA PRINCIPAL

La gente del mundo puede dividirse en dos grupos grandes:

1. Los creyentes. Aquellos que son salvos «por su misericordia, por el lavamiento de la regeneración y por la renovación en el Espíritu Santo» (Tito 3.5). El apóstol Pablo dice que son seres espirituales, y así, pueden discernir todas las cosas espiritualmente (véase 1 Corintios 2.14,15). Este es el grupo al que llamamos el Cuerpo de Cristo, la Iglesia.

2. Los incrédulos. Aquellos que todavía no han hecho a Jesucristo el Señor y Salvador de sus vidas. Millones de personas que viven bajo la esclavitud del diablo, del pecado y de la ignorancia, *no pueden* libertarse a sí mismas de esta enorme esclavitud.

Los incrédulos del mundo deben ser vistos como el objeto de nuestra formidable tarea. Ganar a los perdidos es *el* desafío para todos nosotros los creyentes, y es la razón principal para libros como este. ¿Por qué estamos todavía en esta tierra? ¿Por qué no somos llevados automáticamente al cielo cuando somos salvos? ¿Podemos en alguna forma ser «más salvos» o «más justificados» o «más santificados» por quedarnos aquí en la tierra?

El objetivo fundamental para la iglesia aquí en la tierra es realizar los propósitos de Dios. Dios «quiere que todos los hombres sean salvos y vengan al conocimiento de la verdad» (1 Timoteo 2.4). Y «El Señor no retarda su promesa, según algunos la tienen por tardanza, sino que es paciente para con nosotros, no queriendo que ninguno perezca, sino que todos procedan al arrepentimiento» (2 Pedro 3.9).

En otras palabras, la parte de este mundo que constituye la Iglesia tiene, como su principal propósito, colaborar con Dios de modo que juntos podamos alcanzar a aquellos que todavía no reconocen a Jesucristo como su Señor y Salvador.

EL DIOS DE ESTE SIGLO Y SU ESTRATEGIA

Muchas personas que no han recibido a Cristo como su Señor y Salvador no lo han hecho porque *no pueden*. Simplemente no pueden hacerlo porque Satanás les ha cegado y los tiene cautivos.

Muchas veces nos quejamos respecto a alguien que, al parecer, no quiere recibir el evangelio, sin detenernos a pensar que la razón real tal vez no sea su falta de deseo. Cualquier persona razonable a quien se le muestre la luz preferirá esta a las tinieblas. Pero muchos no pueden ver la luz.

A menudo desdeñamos una comunidad, región o nación completa cuando decimos: «¡Es ese lugar no quieren recibir el evangelio!» Debemos comprender que el problema real es de naturaleza espiritual. La mayoría de las personas en muchas regiones geográficas están bajo una cubierta de tinieblas, las cuales crean un velo sobre ellas. Pablo se refiere a ellas como seres humanos «en los cuales el dios de este siglo cegó el entendimiento de los incrédulos, para que no les resplandezca la luz del evangelio de la gloria de Cristo, el cual es la imagen de Dios» (2 Corintios 4.4).

La evangelización se torna difícil cuando nuestra propia actitud es negativa. Como Cindy Jacobs destaca en su libro, puede ser una fortaleza que el enemigo usará (véase capítulo 3). Cindy cita la definición dada por Edgardo Silvoso de una fortaleza del entendimiento: «Una actitud mental impregnada con desesperanza que hace que el creyente acepte como incambiable algo que sabe que es contrario a la voluntad de Dios». En nuestra iglesia en Guatemala intentamos derribar esta fortaleza operando bajo este principio: *¡nadie es inalcanzable!*

Permítame hacer hincapié en este principio. Aun cuando puede haber excepciones, damos por sentado que la gente a la cual testificamos no reciben a Cristo porque *no pueden*. Satanás les «ha cegado el entendimiento» según 2 Corintios 4.4. Nuestra tarea, por consiguiente, es librar la batalla espiritual a favor de ellas hasta que la ceguera sea eliminada y los cautivos sean puestos en libertad.

LA REALIDAD DE LA GUERRA ESPIRITUAL

La guerra espiritual es el conflicto entre el reino de la luz y el de las tinieblas o reino de Satanás. Los dos reinos están en competencia por las almas y espíritus de las personas que habitan la tierra. Esto resulta en una batalla continua que involucra los dos campos, el *visible* y el *invisible*. La batalla espiritual que tiene lugar en las regiones celestes, en el campo invisible, se inicia en los corazones de las personas y tiene su efecto final aquí en la tierra, en el campo visible. Los involucrados en este conflicto son:

> En el reino de Dios:
> 1. Dios el Padre,
> 2. Jesucristo,
> 3. El Espíritu Santo,
> 4. Los ángeles de Dios,
> 5. La Iglesia.

Hallamos a los seres humanos en el centro de este conflicto. La humanidad perdida es la razón esencial de esta batalla. A los incrédulos hay que verlos más en el lado del reino de las tinieblas, porque son esclavos del pecado, e hijos de desobediencia. Cristo Jesús les diría a ellos: «Vosotros sois de vuestro padre el diablo» (Juan 8.44). Al mismo tiempo reconocemos que siempre hay una batalla espiritual para los creyentes que ya están en el reino de Dios. Aun allí todavía son atacados por el diablo que persigue a la Iglesia para detener el progreso del plan de Dios.

> Por otro lado, el reino de las tinieblas está compuesto por:
> 1. El diablo,
> 2. Los principados,
> 3. Potestades o poderes,
> 4. Los gobernadores de las tinieblas de este siglo,
> 5. Las huestes espirituales de maldad en las regiones celestes,

6. Y muchas otras categorías de ángeles de obscuridad mencionados en las Escrituras incluyendo la autoridad, y poder y señorío, y todo nombre que se nombra, no sólo en este siglo, sino también en el venidero (véase Efesios 1.21).

El papel del creyente en el conflicto

Debido al conocimiento que tenemos de la Palabra de Dios, entendemos que Él ya ha hecho su parte. En el Antiguo Testamento ciertamente Él es la persona principal en la Trinidad. En el Nuevo Testamento Jesucristo se destaca como derrotando personalmente al diablo en la cruz del Calvario, y, «despojando a los principados y a las potestades, los exhibió públicamente, triunfando sobre ellos en la cruz» (Colosenses 2.15).

La tercera persona de la Trinidad, el Espíritu Santo, está en medio nuestro hoy con el propósito de guiarnos, como hijos de Dios. Incluso los ángeles de Dios que oyen su voz y son poderosos en fuerza, para poder cumplir su palabra están esperando que la Iglesia haga conocer la multiforme sabiduría de Dios a los principados y potestades en las regiones celestes (véase Efesios 3.10).

Esto, entonces, indica que la Iglesia tiene un papel clave. Y ¡la Iglesia somos *nosotros!* Consecuentemente, podemos ver una parte importante de nuestra guerra espiritual como el esfuerzo que la iglesia desarrolla para quitar el velo de ceguera que el diablo ha puesto en los incrédulos.

Tenemos dos cosas básicas: (1) Perforamos la cubierta de tinieblas mediante la intercesión a nivel estratégico, derribándola con la Palabra de Dios y el nombre de Jesús (Efesios 6.17,18). (2) Intervenimos con esfuerzos evangelizadores (Efesios 6.15,19). Proclamamos la Palabra de Dios de manera que la gente quede expuesta a la luz del evangelio, la cual puede ahora brillar sobre ellos porque la ceguera les ha sido quitada. Muchos aceptarán a Cristo, quien les libertará del poder de las tinieblas y les conducirá al reino del Hijo de su amor.

LA NATURALEZA DE LA GUERRA ESPIRITUAL

Para que los creyentes desempeñen con integridad su papel en la batalla deben entender claramente lo siguiente:

1. La guerra espiritual no es un fin en sí misma. Es un arma poderosa que, cuando se la usa como parte integral de la evangelización, puede aumentar la posibilidad de traer a otros a Cristo. Dentro de este contexto, la cartografía espiritual es un recurso estratégico para localizar el poder del enemigo que obstaculiza una evangelización más fructífera.

2. Características reconocidas de la guerra espiritual son: (a) «No tenemos lucha contra sangre y carne, sino contra principados, contra potestades, contra los gobernadores de las tinieblas de este siglo, contra huestes espirituales de maldad en las regiones celestes» (Efesios 6.12); y, (b) «las armas de nuestra milicia no son carnales, sino poderosas en Dios para la destrucción de fortalezas» (2 Corintios 10.4).

3. Un hecho que, a veces, parece haber sido olvidado es la importancia de la persistencia y la perseverancia. El nivel estratégico de guerra espiritual que lidia con espíritus territoriales sobre ciudades y naciones enteras no consiste en escaramuzas aisladas, sino en una guerra abierta. Esto implica una constante sucesión de hostilidades; no una batalla, sino batallas múltiples. El resultado final es cierto: «Luego al fin, cuando entregue el reino al Dios y Padre, cuando haya suprimido todo dominio, toda autoridad y potencia» (1 Corintios 15.24).

Resumiendo, debemos comprender que nuestro papel humano en la guerra espiritual es decisivo, y que nuestra participación como guerreros de oración no es opcional, sino indispensable para el cumplimiento de la Gran Comisión dada por Dios. Incluso Jesucristo, cuando describe su propia agenda para el ministerio en cinco facetas, dedica dos de ellas al tema de la necesidad de libertad a los que están cautivos (véase Lucas 4.18,19).

EL ESLABÓN ENTRE LOS CAMPOS ESPIRITUAL Y TERRENAL

La interconexión entre el campo invisible o espiritual y su contrapartida, el campo visible o terrenal, es un tema extremadamente importante que debemos comprender. Cada uno de los reinos espirituales en conflicto tiene su propia contrapartida terrenal.

Nadie duda la existencia de un ejército que representa al reino de Dios, constituido por ángeles, ni tampoco del otro ejército bien organizado de demonios que sirven al reino de las tinieblas. Miguel y sus ángeles junto con Satanás y los suyos son descritos vívidamente en Apocalipsis 12. Necesitamos saber más acerca de las maneras en que estos dos ejércitos se relacionan con los seres humanos que sirven a los reinos opuestos aquí en la tierra, y cómo esto afecta nuestra victoria final.

El reino de Luz tiene servidores terrenales de Dios quienes trabajan para llevar fruto para Él. A estos servidores comúnmente se les divide en dos subgrupos: (1) Los llamados al ministerio a tiempo completo (tales como apóstoles, profetas, evangelistas, pastores o maestros); y (2) los demás hermanos y hermanas, miembros del Cuerpo de Cristo, llamados «ministros del nuevo pacto» (2 Corintios 3.6).

Generalmente se considera al primer grupo como la línea del frente de batalla. Sin embargo, el primer grupo conseguiría poco sin la ayuda y cooperación constante del segundo, el cual casi siempre provee la mayoría de los intercesores, aquellos guerreros sin los cuales la victoria no sería posible.

El reino de las tinieblas también tiene sus servidores. En un grupo tenemos ministros a tiempo completo, quienes usualmente reciben nombres tales como brujos, shamanes, encantadores, magos, canalizadores, sacerdotes y sacerdotisas satánicos, y así por el estilo. Estos, junto con los líderes de las sectas y religiones satánicas, dedican sus vidas a proclamar los engaños del diablo con el propósito de arrastrar a la gente a la cautividad de su reino.

Justo a su lado está el grupo que nos causa la mayor tristeza. Son todas aquellas personas que, debido a que todavía no han recibido a Cristo, están bajo el manto de muerte espiritual y son manipuladas, en diferentes grados, por el diablo y sus demonios. Estos, en su ignorancia, constituyen el ejército terrenal que el diablo usa.

Saber respecto a la interacción que tiene lugar entre el ejército terrenal y los principados y potestades del aire nos servirá para guiarnos a la victoria. ¿Qué podría ser mejor para una ejército invasor que saber la posición del enemigo, el mismo punto donde se ubica su cuartel general, e interceptar sus medios de comunicación? Esto es precisamente lo que la cartografía espiritual intenta lograr.

UN SUEÑO REVELADOR

Una hermana de nombre Mireya, que asiste a nuestra iglesia, vino y me dijo: «Pastor, ayer tuve un sueño que me ha dejado una gran impresión, pero no puedo entender su significado. Esta mañana, mientras oraba y le pedía a Dios la interpretación, el Señor me dijo: "Este sueño no es para ti. Ve y díselo al pastor, puesto que el sueño es para él"»

Obviamente, el asunto me llamó la atención, pero ni siquiera me imaginé que esta era la manera en que Dios iba a alterar la forma en que nuestra iglesia ora. Iba a tener implicaciones de largo alcance tanto para nuestra iglesia como para nuestro país.

El sueño era como sigue: Mireya vio tres ciudades de nuestra nación, a las cuales identificó por nombre y sin ninguna vacilación. Luego vio una cuerda que las unía, una cuerda invisible y transparente que ella pudo ver. Conforme la cuerda conectaba las tres localidades se formaba un triángulo, y aparecieron tres manos, cada una sosteniendo uno de los lados. Ella dijo que lo extraño eran las manos. Eran toscas, casi rústicas. Le parecían como las manos de un hombre fuerte.

Eso era todo lo que yo tenía que saber.

¿Quién es el hombre fuerte?

Días antes de esto yo había estado meditando considerablemente sobre las tres referencias al «hombre fuerte» en los Evangelios Sinópticos:

1. Mateo 12.29: «Porque ¿cómo puede alguno entrar en la casa del hombre fuerte, y saquear sus bienes, si primero no le ata? Y entonces podrá saquear su casa».
2. Marcos 3.27: «Ninguno puede entrar en la casa de un hombre fuerte y saquear sus bienes, si antes no le ata, y entonces podrá saquear su casa».
3. Lucas 11.21,22: «Cuando el hombre fuerte armado guarda su palacio, en paz está lo que posee. Pero cuando viene otro más fuerte que él y le vence, le quita todas sus armas en que confiaba, y reparte el botín».

Fue la palabra «hombre» la que captó mi interés. ¿Por qué se usa esta palabra tan a menudo en la Biblia? ¿Por qué *hombre* fuerte? ¿Por qué no *espíritu* fuerte, o *principado* fuerte, o *potestad* fuerte? ¿Por qué tenía que ser específicamente «hombre»? Empecé a darme cuenta de que Dios estaba hablando allí de la interacción entre los seres humanos y el campo espiritual.

Es natural que todo ejército tenga su líder, un capitán o general que dicta las órdenes y decide lo que hay que hacer. A esta persona se le pudiera llamar el *hombre fuerte* del ejército. Sabemos que algunas personas han llegado a ser servidores extraordinariamente malvados de Satanás, tales como Nerón o Adolfo Hitler. Estos dos fueron poderosos instrumentos humanos para que el maligno hiciera lo que mejor saber hacer: robar, matar y destruir. Apropiadamente podemos llamarlos hombres fuertes mundiales.

Así, el diablo escoge a aquellos que están dispuestos a servirle, y los eleva como líderes en la tierra. Es obvio que un líder puede influir a mucha gente, y, por consiguiente, puede causar gran destrucción. Estos líderes humanos actúan como los hombres fuertes de Satanás, y representan las características de los principados a los cuales sirven. Creo que tales hombres fuertes en la tierra son asignados a principados y potestades para servir a los propósitos de éstos y éstas. Estas personas cultivan una relación directa e íntima con los demonios, mediante sus actividades ocultistas.

Tenemos el ejemplo de la relación entre el príncipe de Tiro y el rey de Tiro, en Ezequiel 28.2 y 12. Daniel nos da otro ejemplo respecto al príncipe de Persia y el príncipe de Grecia, quienes eran obviamente seres espirituales que ejercían directa relación e influencia sobre los imperios de Persia y de Grecia por medio de sus emperadores, sus gobernantes terrenales (véase Daniel 10.20).

Isaías 24.21 dice: «Acontecerá en aquel día, que Jehová castigará al ejército de los cielos en lo alto, y a los reyes de la tierra sobre la tierra». Evidentemente el diablo rige por medio de los reyes de la tierra. ¿Cómo? Sin duda alguna mediante la relación íntima que sus ángeles tenebrosos tienen con aquellas personas que escogen entregarse a Satanás.

Es sabido que Adolfo Hitler abiertamente participaba en este proceso invitando a los poderes de las tinieblas a entrar en él para hacerle el hombre fuerte de su tiempo. También se informa que hoy algunos de los líderes mundiales contemporáneos pertenecen a la secta de la Nueva Era o a sociedades secretas que tratan de gobernar el mundo.

La relación entre el reino espiritual y la humanidad

Dios quiere bendecir a las personas. Él llama a un pueblo, y ellos responde dedicándole sus vidas y sirviéndole. Se convierten en sus servidores y dependen totalmente de Él.

Entretejen líneas de comunicación con Él, tales como la oración, la adoración así como escuchar al Padre. Reconocemos como hecho el siguiente principio: Mientras más íntima sea la comunicación con Dios, mayor será la unción y más exitoso el ministerio cristiano.

Parece que el diablo, el cual copia y corrompe todo lo que puede, también tiene servidores que le han escogido como señor, y han dedicado sus vidas para servirle a él. Ellos, también, tienen sus líneas de comunicación con su señor mediante cosas tales como la brujería, encantamientos, sacrificios, conjuros, sesiones espiritistas, meditación trascendental y pactos. También operan bajo el mismo principio: Mientras más íntima sea la comunicación, mayor será el poder. Cuando me di cuenta de esto empecé a ver que Dios nos estaba revelando los nombres de los hombres fuertes en Guatemala para que podamos reconocer, por medio de ellos, los principados gobernantes. Dios nos estaba revelando al enemigo, no para glorificar al enemigo, sino para ayudarnos a derrotarlo.

Cómo atar al hombre fuerte en Guatemala

Como consecuencia del sueño de Mireya conversé con un hermano en nuestra iglesia, el cual tiene un ministerio profético. Al oír el relato del sueño, de inmediato respondió: «¿Sabe usted quiénes son las tres personas en las tres ciudades?» Procedió a decirme sus nombres y apellidos. Después de realizar una investigación confirmamos que estos tres hombres secretamente conducían obras diabólicas en sus tres ciudades. Uno de ellos tenía poder a través del dinero, el segundo por medio de la política y el tercero mediante el narcotráfico.

Dios nos dio una estrategia precisamente en ese punto. Él dijo: «Tú ata esos principados en el nombre de Jesús. Arranca, derriba, destruye, y desbarata las líneas de comunicación que les dan poder a estos hombres fuertes, y no maldigas a los individuos involucrados, sino bendícelos, porque son hechos a imagen y semejanza de Dios».

Obviamente no puedo revelar sus nombres, pero puedo decir que, como consecuencia directa de la oración *en el mismo sitio*, el primero perdió todo su poder y está en la cárcel esperando el juicio por sus crímenes. El segundo está a punto de ser enjuiciado y depuesto de su cargo; y el tercero, en un momento crítico de su carrera política, sufrió problemas personales y ahora ha perdido la mayoría de su influencia y poder. Los hombres fuertes fueron derribados al mismo tiempo que los poderes en las regiones celestes estaban siendo atados y derribados por las oraciones de los santos.

En este caso la guerra espiritual produjo fruto, no solamente espiritual, sino también natural, y el resultado ha sido bíblico. Habiendo atado y derrotado al hombre fuerte, podemos ahora proceder a arrebatarle toda la armadura en la que confía y repartir el botín. En este caso el botín ha sido la evangelización más fructífera, paz, reducción de la violencia, y el cambio del gobierno espiritual de las tinieblas a la luz. Guatemala ahora tiene un presidente cristiano, Jorge Serrano, quien está lleno del Espíritu Santo, y quien resulta que también es miembro de nuestra iglesia.

Para resumir, hemos aprendido que nos conviene saber quiénes son los hombres fuertes a fin de atarles y repartir el botín. La cartografía espiritual nos ayuda a identificar al hombre fuerte. En algunos casos, la cartografía espiritual nos dará una serie de características que nos guiarán directamente al príncipe o potestad territorial. En otros casos nos encontramos enfrentando a una persona natural a quien Satanás está usando. En otros más, nos veremos frente a frente a una estructura social corrupta.

Cartografía espiritual en el campo

Después de comprender la importancia de intentar discernir por nombre cada poder sobre regiones en particular, salimos para efectuar nuestros primeros experimentos en el campo. En noviembre de 1990 nuestra iglesia envió pequeños grupos a las capitales de cada uno de los 22 departamentos (condados o provincias) de Guatemala, para ayunar, orar y buscar la dirección del Señor a fin de identificar al principado sobre cada departamento. En su misericordia Dios nos permitió tener resultados extraordinarios y vimos, por primera vez, una especie de radiografía, un verdadero mapa espiritual de la situación en las regiones celestes sobre nuestra nación. Nuestra guerra espiritual se tornó mucho más eficaz y pudimos ver los resultados de nuestro esfuerzo espiritual mucho más abundantemente de lo que jamás habíamos imaginado.

La cartografía espiritual madura exige esfuerzo coordinado dirigido a la toma de cada territorio. Nuestro propósito es librar la guerra espiritual para abrir la puerta a la evangelización eficaz y al cambio social positivo.

Nuestros líderes estaban seguros de que este era un método viable para que la iglesia local aborde la evangelización del área geográfica en la cual está ubicada. Por consiguiente perseveramos hasta que desarrollamos un modelo funcional. Ahora estamos usando este modelo para microcartografiar los vecindarios y barrios antes de evangelizar y establecer iglesias allí.

INSTRUCCIONES PRÁCTICAS PARA LA CARTOGRAFÍA ESPIRITUAL

La cartografía espiritual madura exige esfuerzo coordinado dirigido a la toma de cada territorio. Nuestro propósito es librar la guerra espiritual para abrir la puerta a la evangelización eficaz y al cambio social positivo.

EL PLAN MAESTRO

A. Visión:
La evangelización de la nación

B. Objetivos específicos:

1. Intervenir en la guerra espiritual con el propósito de luchar espiritualmente por nuestra nación hasta obtener la victoria.
2. Realizar cartografía espiritual que nos permita saber, hasta donde nos sea posible, los planes, estrategias y complots del enemigo, a fin de entrar en la batalla con inteligencia, y, como resultado, obtener la victoria en el mínimo tiempo y con el mínimo de riesgo y de bajas.
3. Si todo se hace bien, resultará una victoria espiritual que afectará a la nación mediante el avivamiento, la reforma y la justicia social, todo lo cual será hecho por el libre movimiento del Espíritu Santo en el país.

C. Procedimiento:
El procedimiento involucra dividir el campo de batalla en territorios geográficos, en todos los cuales se trabaja simultáneamente.

1. Defina con precisión cada territorio.
2. Consiga los equipos de trabajadores y sus líderes.
3. Haga el levantamiento de la cartografía espiritual según el manual.
4. Discierna la situación del enemigo sobre el territorio asignado.
5. Evalúe, arregle y comunique la información necesaria para la guerra espiritual

UN MANUAL PARA LA CARTOGRAFÍA ESPIRITUAL

Para realizar el trabajo nos dividimos en tres equipos, a cada uno se le asignó una de tres áreas de investigación. Los equipos no tienen permitido comunicarse entre sí. Esto nos provee de un sistema de información verificable de cada una de las tres áreas, permitiéndonos recibir confirmación, lo cual añade credibilidad a nuestros resultados.

A los tres grupos de trabajo respectivamente se les asigna que investiguen los factores históricos, físicos y espirituales.

FACTORES HISTÓRICOS

Para realizar la investigación histórica debemos formular las siguientes preguntas en cada ciudad o vecindario:

1. **El nombre o nombres:**
   Debemos preparar una lista o inventario de los nombres usados para nuestro territorio y luego plantearnos las siguientes preguntas:

   - ¿Tiene el nombre algún significado?
   - Si el nombre etimológico no tiene significado, ¿tiene alguna implicación en algún punto?
   - ¿Es una bendición o una maldición?
   - ¿Es un nombre nativo, indígena o extranjero?
   - ¿Dice algo respecto a los primeros habitantes de la región?
   - ¿Describe alguna de las características de las personas que viven allí?
   - ¿Hay alguna relación entre el nombre y la actitud de sus habitantes?
   - ¿Tienen estos nombres una relación directa con nombres de demonios o de ocultismo?
   - ¿Está el nombre vinculado con alguna religión, creencia o secta local del lugar?

2. **Naturaleza del territorio**
   - ¿Tiene este territorio algunas características especiales que lo distinguen de los demás?

- ¿Es opuesto o receptivo a la evangelización?
- ¿Hay muchas o pocas iglesias?
- ¿Es la evangelización fácil o difícil?
- ¿Es uniforme la condición socioeconómica del territorio? ¿Hay cambios drásticos?
- Prepare una lista de los problemas sociales más comunes del vecindario, tales como drogadicción, alcoholismo, familias abandonadas, contaminación del medio ambiente, codicia, desempleo, explotación del pobre, etc.
- ¿Hay algún aspecto específico que atrae nuestra atención? Por ejemplo, ¿podríamos definir este territorio o sus habitantes con una sola palabra? ¿Cuál sería?

3. Historia del territorio

Para este trabajo nos valemos de entrevistas, investigamos en el municipio o cabildo, en las bibliotecas, etc. Una cuestión extremadamente importante aquí es saber cuáles eventos o sucesos dan un indicio del nacimiento de este vecindario o territorio y bajo qué circunstancias tuvo lugar.

- ¿Cuándo se originó?
- ¿Quién o quiénes fueron sus fundadores?
- ¿Cuál fue el propósito original de su fundación?
- ¿Qué podemos aprender respecto al fundador? ¿Cuál fue la religión del fundador, sus creencias, sus hábitos? ¿Era o eran adoradores de ídolos?
- ¿Han ocurrido hechos frecuentemente, tales como homicidios, violencia, tragedias o accidentes? (Así como la «esquina de la muerte» que tenemos en nuestra ciudad).
- ¿Hay algún factor que sugiera la presencia de una maldición o de un espíritu territorial?
- ¿Hay historias espeluznantes? ¿Son reales? ¿Qué las causó?

- ¿Hasta dónde podría retroceder la historia de la iglesia cristiana en este lugar?
- ¿Cómo empezó? ¿Fue el fruto de algún factor específico?

La lista de preguntas de ninguna manera pretende ser exhaustiva, sino apenas el principio. No debemos olvidar que el Espíritu Santo será nuestro principal ayudante en todo esto.

FACTORES FÍSICOS

Los factores físicos se refieren a objetos materiales significativos que pudiéramos hallar en nuestro territorio. Parece que el diablo, debido a su orgullo ilimitado, frecuentemente deja un rastro detrás. De modo que es necesario:

- Hacer un estudio intensivo de todos los disponibles para esta región, incluyendo los mapas más antiguos y los más recientes, a modo de identificar los cambios. ¿Tienen algún orden en particular las calles? ¿Sugieren alguna clase de dibujo o patrón?
- Haga un inventario de los parques.
- Haga un inventario de los monumentos.
- ¿Hay sitios arqueológicos en nuestro territorio?
- Haga un inventario de las estatuas y estudie sus características.
- ¿Qué tipo de instituciones sobresalen en nuestro territorio? ¿Instituciones de poder, sociales, religiosas u otras?
- ¿Cuántas iglesias tenemos en nuestro territorio?
- Haga un inventario de los lugares donde se adora a Dios, y los lugares donde adoran al diablo.
- Una pregunta extremadamente importante es: ¿Hay «lugares altos» en nuestro territorio?
- ¿Hay excesivo número de cantinas o centros de brujería o clínicas de abortos o tiendas de pornografía?

- Un estudio exhaustivo de la demografía sería de mucho provecho.
- Estudie las condiciones socioeconómicas del vecindario, crímenes, violencia, injusticia, orgullo, bendiciones y maldiciones.
- ¿Hay centros de sectas en la comunidad? ¿Tiene su ubicación alguna distribución específica?

En Guatemala tenemos una carretera de 50 kilómetros de largo que va a la ciudad de Antigua, y a lo largo de ella tenemos toda clase de sectas floreciendo en línea recta, incluyendo los baha'is, los testigos de Jehová, el islamismo, la nueva era, los brujos y brujas, y así por el estilo. Una carretera como esta sin lugar a dudas constituye una línea de poder del ocultismo, un corredor por el cual se mueven los demonios y los poderes demoníacos. Estas líneas de poder oculto provienen de la contaminación traída a la tierra por el diablo mediante maldiciones e invocaciones de los espíritus territoriales que ahora estamos descubriendo. Es provechoso localizarlos para revertir la maldición y convertirla en bendiciones.

FACTORES ESPIRITUALES

Los factores espirituales pueden ser los más importantes de todo, porque revelan la causa real detrás de los síntomas expuestos a través de la investigación histórica y física.

Los llamados a trabajar en el área espiritual son los intercesores, personas que fluyen en el don del discernimiento de espíritus y oyen con exactitud a Dios. El grupo de intercesores debe dedicarse a la oración intensa con el propósito de conocer la mente de Cristo y recibir de Dios la descripción del status espiritual del enemigo en las regiones celestes sobre el territorio definido.

También tenemos algunas preguntas que los intercesores necesitan plantearse y que nos ayudarán a guiar nuestras oraciones, pero no pueden sustituir el tiempo valioso que se pasa con Dios a favor del lugar por el cual estamos orando.

- ¿Están los cielos abiertos en este lugar?
- ¿Es fácil orar en este lugar? o ¿Hay acaso mucha opresión?
- ¿Podemos discernir una cubierta de tinieblas? ¿Podemos definir su dimensión territorial?
- ¿Hay diferencias expresas en la atmósfera espiritual sobre las regiones de nuestro territorio? En otras palabras, ¿están los lugares celestiales más abiertos o más cerrados sobre diferentes vecindarios, repartos o comunidades del área? ¿Podemos determinar con exactitud estas separaciones?
- ¿Nos ha revelado Dios algún nombre?
- ¿Revela la información que tenemos alguna potestad poder o principado que podemos reconocer?
- ¿No ha mostrado Dios al «hombre fuerte»?

Podemos desanimarnos al ver todas estas preguntas por escrito, pero si confiamos en la obra del Espíritu Santo y en el deseo de Dios de revelar sus secretos, cobraremos confianza. Este no es trabajo que exige personas místicas, ni tampoco es algo estrambótico. Todo lo que necesitamos es un equipo de trabajo que sienta un verdadero peso por la evangelización en un territorio específico, y el resto es la dirección y guía del Espíritu Santo.

Cuando hemos completado la investigación de los tres factores entregamos todo a un grupo maduro de líderes e intercesores para que evalúen la información. En el capítulo 8 Bev Klopp provee un ejemplo de esto. Hemos hallado que la investigación en cada uno de los tres factores confirma y complementa la obra de las otras dos, si es que con exactitud escuchamos lo que el Espíritu no está diciendo.

NOMBRE AL HOMBRE FUERTE

Hemos tenido experiencias verdaderamente emocionantes. Por ejemplo, un día Dios mostró al equipo que estudiaba los factores históricos de un área, dónde habían ruinas arqueológicas y cómo se relacionaban éstas con las características básicas de la idolatría y la brujería que retrocedían a los días de la civilización maya. El equipo que estudiaba los factores físicos simultáneamente localizó una casa desocupada exactamente en la misma zona, y en donde se celebraban reuniones de idolatría y brujería. Después Dios mostró a los intercesores que estudiaban los factores espirituales que el espíritu territorial que regía sobre el lugar estaba usando a un ser humano como el hombre fuerte. Su estilo de vida incluía la práctica de ocultismo, brujería e idolatría.

Mientras estábamos en oración el Señor habló y dijo: «Mañana, en el periódico, les daré el nombre y apellido del hombre». También nos dijo en qué página aparecería. Fue algo absolutamente sobrenatural y emocionante descubrir, exactamente en esa página, el nombre completo de la persona dedicada a estas actividades. Encajaba en la descripción exacta que el Espíritu Santo había dado previamente, incluso en su apariencia física. Para remate, descubrimos que el hombre era también propietario de la casa donde se celebraban los rituales de ocultismo, ¡justo al cruzar la calle del sitio arqueológico!

Una vez que hemos llegado a tales conclusiones estamos listos para librar la guerra espiritual. Debemos recordar que nuestra batalla no es contra carne y sangre, sino contra los poderes demoníacos que rigen sobre las personas. También debemos recordar que somos llamados a bendecir a las personas involucradas, no a maldecirlas. Finalmente, ¡recuerde que Cristo Jesús ya ha ganado por nosotros la victoria!

CONCLUSIÓN

En lo que respecta a nuestra iglesia la territorialidad de espíritus es un hecho. Hemos estudiado el tema en las

Escrituras. Hemos hecho nuestra tarea en el campo. Comprendemos que el ejército maligno de las regiones celestes exige adoración y servicio de parte de sus seguidores y les otorga poderes malignos en proporción a su obediencia.

Cuando un territorio ha estado habitado por personas que han escogido ofrecer adoración a los demonios, la tierra ha quedado contaminada y estos espíritus territoriales han obtenido un derecho para permanecer allí, manteniendo cautivos a sus habitantes. Es necesario identificar al enemigo y entrar en la batalla espiritual hasta obtener la victoria y redimir el territorio. La cartografía espiritual es un medio para identificar al enemigo. Es nuestro espionaje espiritual.

¡No tenemos tiempo que perder! Hoy es el tiempo para que el Cuerpo de Cristo se levante en el poder del Espíritu Santo y lance un reto a los poderes del infierno, destruyendo toda artimaña y recuperando la tierra que el Señor Dios nos ha dado por herencia.

—PREGUNTAS DE REFLEXIÓN—

1. Harold Caballeros enfoca el ganar a los perdidos para Cristo, evangelización. ¿De qué manera ve él la cartografía espiritual como medio para una evangelización más eficaz?
2. El concepto de que muchos incrédulos no aceptan a Cristo porque *no pueden* es nuevo para algunos. Usualmente pensamos que no lo hacen porque *no quieren* hacerlo. ¿Cuál es su opinión al respecto?
3. ¿Hay alguna relación directa posible entre un «hombre fuerte» espiritual y una persona de carne y hueso? ¿Puede usted pensar en algunos ejemplos de su ciudad o nación?
4. ¿Cuál es el origen histórico del nombre de su ciudad? ¿Por qué seleccionaron ese nombre? ¿Alguna característica de su ciudad hoy parece reflejar lo que está detrás del nombre?

5. Piense en su propia ciudad o población. Trate de mencionar por lo menos tres áreas geográficas internas que claramente se diferencien entre sí. Describa las características visibles y trate de sugerir lo que pudieran ser las potestades espirituales o invisibles detrás de cada área.

Pasos prácticos para la liberación de la comunidad espiritual

por Bob Beckett

BOB BECKETT ES PASTOR FUNDADOR DE LA IGLESIA Familiar de Dwelling Place, en Hemet, California. Empezó la cartografía espiritual de su comunidad en la década de los setenta, y ahora colabora con los líderes cristianos en el sur de California coordinando un proyecto de cartografía espiritual más extenso. Es miembro de la «Red de Guerra Espiritual» y es ampliamente solicitado como conferencista en el área de la guerra espiritual.

En 1974 se nos pidió a Susana, mi esposa, y a mí, que sirviéramos como directores de un centro de detención juvenil con mínima seguridad de una iglesia grande ubicada en el condado de Orange, California. El centro, de unas 150 hectáreas de extensión, estaba ubicado en una remota comunidad llamada San Jacinto, en el desierto al suroeste de Palm Springs.

Nunca olvidaré que me preguntaba por qué Dios nos enviaba a un sitio tan insignificante. Después de todo, con cierto orgullo, pensaba que Dios me había llamado a ministrar su Palabra y a levantarme contra las tinieblas en algún lugar significativo. En lugar de eso, me hallaba viviendo en una lejana comunidad para jubilados, ¡lo más lejos posible de cualquier cosa remotamente importante o crucial en el reino de Dios! Por lo menos así era como San Jacinto nos parecía. ¡Ni siquiera me imaginé en ese tiempo que me había mudado a una de las fortalezas de tinieblas de mayores proporciones en el imperio del sur de California!

¿EL OMBLIGO DE LA TIERRA?

Poco después de llegar a las instalaciones que habíamos de llamar «casa» por los siguientes tres años me enteré por boca del anterior dueño que la propiedad había sido usada como un centro de retiro metafísico y de adiestramiento para la meditación trascendental. Durante una de nuestras primeras conversaciones el dueño anterior me preguntó si me interesaría visitar uno de los «ombligos de la tierra». En esos momentos no estaba seguro de saber qué era lo que quería decir. Pero la curiosidad me picó, y allá fui.

Procedimos a caminar por un arroyo seco hasta una esquina remota de la propiedad, al pie de las colinas. Por el camino empezó a contarme cuan sagrado era ese lugar para quienes estaban espiritualmente sintonizados con «el cosmos».

Finalmente nos detuvimos en el lugar de lo que una vez había sido una cascada que fluía el año entero. Cuidadosamente recalcó cómo las paredes del cañón habían sido labradas por siglos por el agua que caía en remolinos. Explicó que este lugar era un «ombligo» o vórtice de la tierra, un centro de poder útil para el adiestramiento de las personas que desean participar en los niveles más altos de la meditación trascendental.

Uno de los ejercicios espirituales más elevados para los que asistían al retiro de meditación trascendental era ir hasta la cascada en cualquier momento en que la lluvia llenara el cañón. Entonces meditaban en el vórtice de la cascada hasta que el agua dejaba de girar en sentido de las manecillas del reloj, como lo hacen las aguas naturalmente al norte de la línea ecuatorial, e invertían su curso natural. La cascada era una parte clave en sus instalaciones de adiestramiento. Mi guía prosiguió para recalcar que las paredes del cañón habían sido labradas con el correr del tiempo en un movimiento como el de las manecillas del reloj, pero que la arena y la tierra del lecho del arroyo estaban claramente marcadas en sentido contrario.

Todo esto era intrigante y misterioso, pero tenía en mi mente el centro de detención juvenil. No estaba listo para debatir la validez de todo eso, ni cómo remotamente pudiera relacionarse conmigo. Debo admitir, sin embargo, que algún tiempo después de nuestro encuentro me sentía perplejo respecto a por qué él quiso contarme tan fuertemente todo eso. Ahora creo que era el Señor quien me estaba lentamente empujando en una dirección en la que nunca habría ido por mi propia cuenta.

TRES PUNTOS DE PODER EN EL MAPA

Un día, no mucho después de mi conversación con el dueño anterior, hice planes para ir de cacería por el área. Mientras revisaba un mapa, casualmente marqué la ubicación del ombligo. Me interesó ver que nuestra propiedad y el ombligo estaban adyacentes al territorio de la reservación indígena local, de la cual se informaba que era activa en el shamanismo nativo tradicional.

No mucho después de esto empezó a circular un rumor en la ciudad, de que Maharishi Yogi había comprado una propiedad en la comunidad. Noté que se rumoraba que la ubicación de la propiedad comprada también estaba adyacente al territorio de la reservación indígena local. Entonces me empezó a picar la curiosidad. ¿Por qué compraría este individuo una propiedad en esta tranquila comunidad tan pequeña? En cierta ocasión le mencioné esto a alguien que estaba trabajando en la propiedad recientemente adquirida. Cuando le pregunté por qué Yogi había seleccionado esta localidad específica para establecer su centro de retiro, me contestó: «Esta área es muy propicia para la meditación y tiene un aura espiritual que la rodea».

Aun cuando en esos momentos no le di mucho crédito a tales afirmaciones, me sentí impulsado a marcar esa ubicación en el mismo mapa. Mi mapa ahora mostraba tres lugares de actividad espiritual: el ombligo, la reservación indígena y la propiedad del Maharishi Yogi, todas adyacentes la una de la otra.

PIEL DE OSO CON UNA ESPINA DORSAL

En mi tiempo de oración empecé a tener una visión repetida que aparecía como destello ante mí. Me parecía como una piel de oso que yacía en el piso. Cada una de las cuatro esquinas de la piel era una pata con sus garras en su sitio. La piel no tenía cabeza, pero parecía que sí tenía la espina dorsal. Cada vez que observaba la piel del animal la veía centrada sobre nuestra área local montañosa. Cada zarpa y sus garras estaba incrustada en lugares específicos, incluyendo el valle de Hemet y San Jacinto. Todas las otras ciudades se hallaban en un radio de cincuenta kilómetros de nuestra comunidad.

Debo mencionar que nunca vi esto en sueño. Siempre fue mientras estaba despierto y casi siempre en momentos de oración. Cada vez que veía esta visión vagamente sentía que podía tener algo que ver con los espíritus regentes de las tinieblas, tales como aquellos a que se refiere Daniel 10, como son el príncipe de Persia y el príncipe de Grecia.

Durante uno de esos momentos de oración me sentí fuertemente impulsado a llevar a un grupo de 12 líderes de la iglesia a una cabaña específica ubicada en las montañas que aparecían en la visión. Para ese tiempo Susana y yo estábamos pastoreando una iglesia pequeña que habíamos empezado en el pueblito de Hemet. Al referir a los ancianos y otros líderes varios maduros de nuestra congregación lo que yo percibía como dirección del Señor, todos estuvieron de acuerdo en ir conmigo a la cabaña, que pertenecía a una mujer de nuestra iglesia. Ibamos a orar allí hasta romper «la espina dorsal» de este espíritu regente y hasta obligarlo a que aflojara la opresión espiritual que tenía sobre la gente que vivía bajo su control.

Dios me estimuló grandemente cuando fui a ver a la dueña de la cabaña. Entré en el almacén del pueblo que ella operaba. Cuando me vio alargó su mano hasta detrás del mostrador, y me lanzó las llaves de la cabaña. Luego me dijo: «¡En mi oración esta mañana Dios me dijo que usted vendría y que yo debía darle esas llaves!»

Cuando nos reunimos en la cabaña el viernes siguiente les expliqué en detalle esta repetida visión y lo que había percibido como nuestro propósito en esta montaña. Le dije al grupo que creía que sabríamos cuándo se rompería la espina dorsal de esa cosa al oír o sentir que se quebraba. Después de horas de orar, agonizar y ministrar al Señor, espontáneamente empezamos a cantar: «Hay poder, poder, sin igual poder, en la sangre que Él vertió». Cada uno de nosotros había sido alertado por un inmediato y opresor sentimiento de mal que nos rodeaba. Mientras cantábamos sentimos que se rompía. Muchos incluso oímos el sonido audible como si las vértebras estuvieran, no propiamente quebrándose, sino dislocándose. ¡La cabaña entera se sacudía físicamente!

Cuando regresábamos de la cabaña al día siguiente, un profundo sentimiento de alivio nos inundó. No entendíamos exactamente lo que habíamos hecho, ni lo que esperábamos como resultado del tiempo que pasamos juntos. Las cosas, sin embargo, empezaron a suceder espiritualmente en nuestra comunidad que parecía ser aburrida y soñolienta. Todos sentimos que había algo diferente en nuestra población.

LOS DIOSES SOLITARIOS

Muchos años después Peter y Doris Wagner vinieron a visitarnos, junto con nuestros viejos amigos Cindy y Mike Jacobs. Hasta ese punto yo había guardado el gastado mapa que había estado haciendo en forma confidencial. Había añadido otros puntos de poder, incluyendo el monumental, opulento y bien fortificado retiro y el «Centro de Comunicaciones de la Iglesia Científica», que L. Ron Hubbard construyó. Nunca había dicho mucho respecto a mi mapa, porque pocos en la comunidad cristiana habían estado hablando de tales cosas, y no quería aparecer como si estuviera a punto de perder un tornillo. Pero Cindy me animó a que se lo mostrara a Peter y a Doris, lo cual hice con vacilación. Mostrar una cosa de esas a un profesor de seminario es en realidad atemorizante.

Me estimuló grandemente recibir total aprobación. Peter dijo que sus contactos por medio de la «Red de Guerra Espiritual» habían confirmado que hacer tal cartografía espiritual era una de las nuevas palabras fuertes que el Espíritu Santo parecía estar dando a las iglesias por todo el mundo en estos días. Confesó que era un ávido lector de las novelas de exploradores de Louis L'Amour, y me preguntó de había leído *The Lonesome Gods* [Los dioses solitarios]. Me dijo que la escena se ubicaba en la región de San Jacinto y tenía que ver con antiguas leyendas indígenas. La siguiente semana compré el libro y lo leí. Me intrigó la clara descripción de *Taquitz*, el espíritu regente de la cordillera de San Jacinto.

Puede imaginarse mi sorpresa cuando investigué más esto, y descubrí que la enorme roca detrás de la cabaña en la cual habíamos orado para romper la espina dorsal era nada menos que lo que se llamaba el Pico Taquitz.

DESCUBRIMOS LA HERENCIA ESPIRITUAL DE NUESTRA COMUNIDAD

Había guardado el mapa para mí mismo por 17 años, marcando lo que pensaba que podría ser de alguna importancia.

Durante ese tiempo había llegado a interesarme en saber más de la historia de nuestra comunidad y de sus fundadores. A menudo pasaba mis días libres explorando remotas áreas y cañones inexplorados, investigando cuevas y buscando viejas cabañas y reliquias indígenas.

Un cañón, conocido como el Cañón Masacre, fue el sitio de la masacre de la tribu indígena Soboba a manos de otra tribu vecina, los Temeculas. Habiendo adquirido algo de comprensión según la base bíblica respecto a la contaminación de la tierra, empecé a preguntarme si este incidente y su ubicación tenían alguna significación espiritual. Prolijamente marqué en mi mapa la ubicación del Cañón Masacre.

Otro hecho importante ocurrido en la vida de nuestra comunidad fue el intento de la compañía local de agua de construir una tubería maestra de agua perforando las faldas de las colinas en el lado norte del valle. Esto resultó ser muy significativo. La compañía de agua cometió errores de cálculo al taladrar la roca y perforar el manantial subterráneo que nutría toda el área.

Por 18 meses el agua fluyó sin interrupción. Todos los esfuerzos para detener el flujo del agua resultaron en consecuencias desastrosas. El costo fue enorme, no solo financieramente, sino también en la pérdida de vidas humanas. A la larga se deterioró el acueducto del valle entero y de las montañas circunvecinas. El área jamás sería igual.

Esto explicaba por qué hallaba en numerosas excursiones por las colinas ranchos de naranjas y de aves abandonados. Al parecer florecían antes del desastre de la perforación del acueducto. Todos tenían sistemas de irrigación y grandes estanques para agua, obtenidos mediante el desvío de los arroyos que en un tiempo fluían el año entero. Pero después del desastre de la perforación hasta el territorio de la reservación indígena perdió su provisión abundante de agua y su base agrícola, sumiendo a sus habitantes en la pobreza.

Muchos de los residentes actuales de la reservación todavía pueden recordar cómo se enfureció el concilio de la tribu por esto. Sus brujos maldijeron a la compañía de agua del hombre blanco por el error. Las cosas empeoraron cuando se corrió el rumor de que la compañía de agua potable estaba deliberadamente desviando el agua y vendiéndola a otras compañías de agua, habiendo decidido secretamente no hacer ningún intento real para detener el desperdicio del agua, mucho menos para compensar a los indios por sus pérdidas.

Después de ubicar en mi mapa el sitio de la perforación, noté que caía a lo largo de la misma cordillera en donde se ubicaban ¡el ombligo de la tierra, la reservación indígena, Maharishi Yogi y el sitio de la masacre de los indios! Supe que esto tenía que tener alguna significación, pero todavía no estaba seguro de qué hacer con tal información. De modo que continué marcando en mi mapa los hallazgos que pensaba que estaban afectando la herencia espiritual de nuestra comunidad.

Al mismo tiempo L. Ron Hubbard y la Iglesia Científica llegaron a la población. Habían comprando el antiguo club campestre, ubicado en una propiedad específica en la misma serie de colinas en donde estaba el Cañón Masacre, el desastre del acueducto, Yogi, la reservación y el ombligo. A decir verdad, el lugar que compraron se llamaba Hotel Cañón Masacre. Algo estaba sucediendo en el área y mi mapa empezaba a hacerlo obvio. Si no hubiera visto estas cosas en un mapa probablemente nunca hubiera hecho ninguna asociación entre estos lugares. Pero al verlos marcados en un mapa me dio una perspectiva coherente.

ORACIÓN NO CONTESTADA POR LA COMUNIDAD

Como ya mencioné, permanecí en silencio respecto al mapa y mis sospechas, incluso aun cuando nuestra congregación para entonces estaba profundamente comprometida con la oración y la intercesión todos los días por la madrugada. En nuestra iglesia, la Iglesia de Dwelling Place, orábamos brevemente por una necesidad tras otra, cubriendo cuestiones nacionales e internacionales tanto como necesidades de individuos y de la comunidad en nuestra área. Pero en todo esto había un profundo sentido de frustración creciendo en todos nosotros que perseverábamos fielmente en oración por nuestra gente y nuestra comunidad. Esta frustración resultó de un creciente observar que con toda sinceridad nuestras oraciones no estaban siendo muy eficaces.

Habíamos aprendido a orar eficazmente por las personas y estábamos viendo a hombres y mujeres siendo libertados de esclavitud emocional, espiritual, financiera y física. Muchos habían sido salvados en la Iglesia de Dwelling Place porque habían visto el poder de Dios en sanidad física o habían sido librados de opresión satánica.

¿Por qué no podían ocurrir cosas similares en nuestra comunidad? ¿Por qué sería que nuestras oraciones por las personas eran contestadas pero nuestras oraciones por Hemet y el área circunvecina parecían ser ineficaces? Observábamos al norte, al sur, al este y al oeste de nuestra iglesia, y veíamos muy poco cambio. Parecía como si en algunos aspectos nuestra comunidad estuviera perdiendo terreno. Las condiciones sociales se iban deteriorando y podíamos percibir las tinieblas intensificándose. Sentíamos que estábamos siendo fieles y diligentes, pero de poco servía.

Mientras agonizaba por esto empecé mentalmente a recorrer el método que usábamos para librar a las personas de la esclavitud demoníaca. ¿Sería posible aplicar los mismos principios al campo social, así como lo hacíamos en el campo personal? ¿Podrían las ciudades tener acaso una personalidad?

Esto me llevó a hurgar en las Escrituras y buscar base bíblica para el concepto de que una ciudad pudiera tener una personalidad. Si esta premisa resultaba ser bíblicamente válida, se podrían dar nuevos pasos para ver a nuestra comunidad *como comunidad,* no simplemente como gente, libertada y puesta en libertad.

Sabía que los espíritus malos tratan de controlar la personalidad o el carácter. Estos hallan su entrada en la vida de la persona mediante pecados pasados, pecados actuales, maldiciones o iniquidades generacionales, idolatría, victimización, trauma, formas de contaminación personal, y cosas por el estilo. Cuando se contamina la personalidad de una persona, la puerta de esa personalidad queda abierta a las tinieblas, porque Satanás mora en las tinieblas. Mi búsqueda para confirmar si una ciudad tiene una personalidad me llevó a los comentarios de Jesús en Mateo 11.20-24:

> Entonces comenzó a reconvenir a las ciudades en las cuales había hecho muchos de sus milagros, porque no se habían arrepentido, diciendo: ¡Ay de ti, Corazín! ¡Ay de ti, Betsaida! Porque si en Tiro y en Sidón se hubieran hecho los milagros que han sido hechos en vosotras, tiempo ha que se hubieran arrepentido en cilicio y en ceniza. Por tanto os digo que en el día del juicio, será más tolerable el castigo para Tiro y para Sidón que para vosotras. Y tú, Capernaum, que eres levantada hasta el cielo, hasta el Hades serás abatida; porque si en Sodoma se hubieran hecho los milagros que han sido hechos en ti, habría permanecido hasta el día de hoy. Por tanto os digo que en el día del juicio, será más tolerable el castigo para la tierra de Sodoma, que para ti.

Aquí es claro que Jesús está refiriéndose a la responsabilidad personal de la ciudad. A cada ciudad, al parecer, se dirige como a una personalidad que tiene responsabilidad por sus acciones y su respuesta al evangelio. Por supuesto, Jesús no está diciendo que una ciudad tiene un alma eterna, pero sí se refiere a las ciudades como entidades corporativas. Se dirige a cada una de ellas directamente por nombre.

Todavía deseando más confirmación bíblica busqué en la Palabra, estudiando ciudades y buscando cualquier información que pudiera llevarme a descubrir más verdad en esta área. Hebreos 11.10 dice: «Porque esperaba la ciudad que tiene fundamentos, cuyo arquitecto y constructor es Dios». Abraham esperaba una ciudad que tenía incorporados principios piadosos y santos en sus mismos fundamentos. La palabra griega para «fundamentos» también se puede traducir como «principios y preceptos rudimentarios». Esto habla de la moral y la ética de una ciudad. De modo que ¡construidos en las mismas paredes de toda ciudad están su carácter y su personalidad!

También descubrí que esta palabra griega para fundamento es la misma que usa Pablo en 1 Corintios 3.11,12 al instruir a la iglesia respecto al fundamento de una personalidad humana: «Porque nadie puede poner otro fundamento que el que está puesto, el cual es Jesucristo. Y si sobre este fundamento alguno edificare oro, plata, piedras preciosas, madera, heno, hojarasca».

Empezamos a preguntarnos sobre qué fundamentos había sido levantada nuestra ciudad. ¿Sería Jesucristo? ¿Está nuestra comunidad edificada con oro, plata y piedras preciosas, o lo está con madera, heno u hojarasca? Tristemente vimos mucha madera, heno y hojarasca en el área de Hemet.

COMUNICACIÓN CON LA CIUDAD

Empecé a creer que ministrar liberación a una ciudad en verdad podía ser posible. A mi comunidad, tanto como a la suya, se la puede considerar como con su propia personalidad ¡con fundamentos espirituales reales! Una clave sería comunicarse con la ciudad y, por supuesto, esto nos presenta un desafío único. ¿Cómo podemos lograr que nuestra ciudad nos responda «hablando» como lo haría una persona? ¿Cómo podemos lograr que nos cuente las cosas que han ocurrido en su tierra? ¿Cómo ha sido contaminada y receptiva a los espíritus territoriales? Sencillamente, ¿cómo lograr que mi ciudad se abra y me hable?

De nuevo, después de orar y buscar respuestas en la Palabra de Dios, encontré un indicio. «Clama a mí, y yo te responderé, y te mostraré cosas grandes y poderosas, *cercadas y ocultas*, que tú no conoces —no distingues o no reconoces, de las cuales no tienes conocimiento ni comprensión» (Jeremías 33.3, Biblia Amplificada, en inglés; énfasis del escritor). Este versículo indica que las cosas ocultas y escondidas, las cuales yo no comprendo, pueden ser importantes para el Señor. Al buscarle en oración respecto a estas cosas ocultas creemos que Él es fiel y nos responderá, y nos mostrará estas verdades ocultas. El Señor indicó que una clave para tratar con la comunidad sería hacer la misma pregunta que le haríamos a una persona que busca libertad de la opresión demoníaca, y que Él nos guiara en los detalles específicos para en realidad colocar a nuestra ciudad en el camino a la liberación.

Ahora necesitamos hallar cómo habían sido colocados los cimientos espirituales de nuestra ciudad. ¿De qué habían sido construidos los cimientos? ¿En dónde estaban localizados los dolores y las aflicciones? ¿Cuáles fueron los hechos que condujeron a la esclavitud de la ciudad? ¿Cómo se relaciona la historia del pasado con los sucesos actuales? ¿Hay actividades ocultistas realizándose en mi ciudad? ¿Hay alguna otra cosa que ha jugado un papel para llevar a mi ciudad a la presente condición espiritual, emocional y física?

Casi ni me daba cuenta de que ¡yo ya me había estado comunicando con mi ciudad por casi 19 años! Una manera de comunicarse o hablar con una ciudad es estudiar e investigar la historia y la herencia de la ciudad.

¿Podría estar mi cartografía y mi conocimiento histórico de mi ciudad vinculados entre sí de manera que me hablaran respecto a su fundación, en bien o en mal? Al comenzar a revisar de nuevo la información, gradualmente empecé a ver que emergía la personalidad espiritual de mi comunidad. Era como sacar un rompecabezas de su caja, regar las piezas en una mesa, y observar cómo pieza tras pieza iba encajando en su lugar.

PROYECTILES SCUD Y BOMBAS INTELIGENTES

De súbito me hallé contemplando un cuadro de la personalidad de mi ciudad como nunca antes lo había visto. Era emocionante pensar que ahora podríamos ministrar liberación e iniciar el proceso que pudiera traer libertad espiritual a nuestro valle. ¿Podría esto también ser el elemento faltante que nuestra oración e intercesión tan desesperadamente necesitaban? Habíamos estado realmente dando en el blanco en nuestras oraciones, o estábamos simplemente orando en círculos alrededor de la necesidad en una manera ineficaz.

Pensé en los proyectiles Scud que Saddam Hussein disparó durante la guerra del Golfo Pérsico en 1991. Aun cuando apuntaban en la dirección correcta, y algunos en efecto dieron en algunos blancos difusos, obviamente la falta de precisión resultó en que los proyectiles no lograron alcanzar su potencial destructivo. Empecé a ver que nuestras oraciones por nuestra comunidad eran, en alguna manera, como los proyectiles mal guiados del dictador. Estábamos haciendo impacto en el enemigo, pero debido a nuestra falta de información estratégica éramos incapaces de aislar y discernir algún blanco específico, disparar apuntando a éste, y dándole al mismo.

Ahora que empezábamos a acumular información estratégica sobre la personalidad de nuestra ciudad (p.e., su herencia, su fundación, su trasfondo espiritual), pudimos formular planes para una guerra estratégica y dar en los blancos precisos. Esto era más como las bombas inteligentes que los aliados dispararon contra Saddam Hussein. Los que veían en la televisión quedaban sorprendidos al ver que las bombas inteligentes apuntaban y explotaban en puertas, ventanas o incluso ductos de ventilación específicos de los edificios.

Pero para que cualquier bomba inteligente espiritual sea así de precisa, de alguna manera debíamos primero reunir la información de reconocimiento. Debía realizarse primero una exploración del área. Para nosotros esto quería decir realizar la investigación, estudiar la tierra y los primeros colonos, cartografiar y hurgar en la historia de nuestra ciudad. La guerra espiritual, como la guerra convencional, se beneficia grandemente de la inteligencia precisa.

La cartografía espiritual ha demostrado ser una herramienta eficaz para la intercesión y las acciones estratégicas por nuestra comunidad. Al sentarme para repasar años de información recolectada, me di cuenta de que intuitivamente había trazado en mi mapa significativas partes de la historia del área. Allí, frente a mí, estaba la información histórica, física y espiritual. Ni me había dado cuenta de la significación que ese mapa tendría en los años que siguieron.

Este gastado mapa demostró ser invaluable para formar la estrategia en contra de las fortalezas y espíritus territoriales que se habían incrustado en nuestra comunidad. Una vez que nosotros, como congregación, aprendimos a comunicarnos con la «personalidad» de nuestra ciudad, los resultados de nuestra intercesión escalaron dramáticamente.

CÓMO CARTOGRAFIAR UNA CIUDAD

¿Cuáles, entonces, son los pasos necesarios para que un pastor, un creyente laico o una congregación empiecen a levantar la cartografía espiritual?

La historia de la ciudad

Primero, investigue la historia y fundación de la comunidad. Busque puntos de contaminación, tales como derramamiento de sangre, contratos rotos, pactos rotos y prejuicios raciales que pudieran tener antiguas leyes u ordenanzas municipales ligadas a ellos, las que todavía permanecen en los libros del municipio.

Yo tenía a varias personas que estaban realizando la búsqueda en libros de historia, visitando museos y en la biblioteca local revisando documentos de la ciudad. Una de las cosas interesantes que descubrimos fue un antiguo majano histórico ubicado en la propiedad de una iglesia local de la comunidad. Era un enorme arco que el condado había preservado y declarado monumento histórico porque una de las primeras escuelas secundarias del condado había sido construido allí.

El pastor de esa iglesia local era un amigo personal mío, y ambos estábamos muy interesados en la historia de la propiedad de su iglesia y su posible relación con ese monumento. Su investigación había desenterrado información interesante. Su iglesia y el monumento estaban ubicados precisamente en el sitio de la aldea de los indios Soboba, los cuales, como ya mencioné antes, fueron masacrados por sus vecinos los Temeculas. Empezaron la masacre en lo que ahora es San Jacinto y, mientras los guerreros luchaban, las mujeres y los niños huyeron de esa aldea al Cañón Masacre, en donde todos, más tarde, encontraron la muerte.

Nuestra investigación avanzó, y reveló que desde que la iglesia fue fundada a principios de este siglo, cada pastor o familiar suyo había sufrido una muerte violenta, con la excepción del pastor actual y del anterior. No podíamos evitar asombrarnos ante el hecho de que la violencia y el derramamiento de sangre del pasado había contaminado esa sección de tierra y dado entrada a algún espíritu de muerte violenta para que operara. También pensamos que esto pudiera explicar por qué ese vecindario en particular había llegado a ser el centro de la violencia de las pandillas en nuestra área.

Cuando el pastor se enteró respecto al derramamiento de sangre de los indígenas y la historia de las muertes violentas de los pastores, convocó a una reunión de sus ancianos e intercesores. Se dedicaron a un tiempo de intercesión sincera y profundo arrepentimiento por su tierra y por su iglesia.

¿Qué ocurrió? Menos de dos meses más tarde miembros de las pandillas empezaron a llegar al Señor. Uno de ellos entró en la iglesia durante el culto del domingo y dijo: «¡Yo quiero ser salvo!» Otro líder pandillero, su madre y luego toda su familia vinieron a Cristo. La violencia entre pandillas en nuestra área ha disminuido desde entonces, aunque no ha desaparecido por entero.

La personalidad de la ciudad

El segundo paso que dimos en la cartografía espiritual de nuestra comunidad fue investigar la formación de su personalidad. En otras palabras, ¿por qué era conocida nuestra ciudad? Las Vegas es conocida por la avaricia y el juego; Chicago por la violencia de la mafia y San Francisco por sus fortalezas de homosexuales y lesbianas. A nuestra propia comunidad se la conoce como una comunidad de gente jubilada, un lugar en donde personas que se encaminan a la ancianidad vienen para pasar sus últimos días en paz y luego morir.

En este segundo paso de cartografiar indagamos respecto a las instituciones financieras y cualquier negocio o empresa, o edificio, alrededor del cual parecía que la ciudad se agrupaba. Descubrimos que Hemet tenía la mayor cantidad de depósitos bancarios per cápita de cualquier ciudad de los Estados Unidos. Localizamos cantinas, teatros pornográficos y centros de expendio de drogas.

Un área vital que no debe ser soslayada en nuestro deseo de ver a nuestra comunidad libre de la esclavitud espiritual es la del arrepentimiento y remisión de pecados de las comunidades.

Los centros de sectas en la ciudad

El tercer paso de nuestro proceso de cartografiar fue indagar respecto a los centros síquicos, ocultistas, de la Nueva Era, metafísicos, de santería y otras sectas. Tomamos nota de cada capilla o santuario, templos mormones, librerías de la Nueva Era, y todas las iglesias y propiedades controladas por alguna secta. Junto con este tercer paso indagamos respecto a la actividad oculta. Hablamos con los estudiantes de secundaria involucrados en drogas o satanismo, y entrevistamos a los descendientes de los brujos indígenas locales. Muchas veces casas abandonadas o vacías estaban siendo usadas para sacrificios de animales y rituales, de modo que también verificamos respecto a esas actividades.

ARREPENTIRSE POR
LOS PECADOS SOCIALES

Ibamos a aprender que otra área vital que no debe ser soslayada en nuestro deseo de ver a nuestra comunidad libre de la esclavitud espiritual era la del arrepentimiento y remisión de pecados en las comunidades. Este tema es cubierto en más detalle en el libro de John Dawson *La reconquista de tu ciudad*[1] y en el libro de Cindy Jacobs *Conquistemos las puertas del enemigo*[2]. En septiembre de 1991 Peter Wagner y Cindy Jacobs hablaron en nuestra iglesia durante una conferencia de guerra estratégica. En ella pudimos poner en práctica este concepto de arrepentimiento por nuestra ciudad, buscando el perdón de Dios por los pecados sociales.

Por iniciativa y promoción de Cindy líderes indígenas locales y representantes de la compañía de agua se reunieron en una conferencia y públicamente se arrepintieron mutuamente por las ofensas del pasado. Un pastor metodista se puso de pie en la plataforma con un pastor pentecostal y cada uno pidió disculpas por el orgullo y la división que había entre evangélicos y carismáticos. Finalmente, un hombre blanco y un indio se pusieron frente a frente y se arrepintieron por los pecados y el odio que había entre sus respectivas razas. Conforme cada uno de estos se arrepentían por turno, se perdonaban mutuamente, y luego se abrazaban públicamente, muchos en la conferencia lloraban en voz alta porque años de división y odio estaban siendo rotos en el ámbito espiritual. Los principados y potestades recibieron un serio retroceso esa noche.

---

1. John Dawson, *La reconquista de tu ciudad*, Editorial Betania, Miami, FL 1991.
2. Cindy Jacobs, *Conquistemos las puertas del enemigo*, Editorial Betania, Miami, FL, 1993.

COMPROMISO PASTORAL
CON UN TERRITORIO

Durante mis primeros años de oración por mi comunidad y su gente sentí que el Señor empezaba a mover dentro de mí un fuerte amor por la tierra y su gente. Nunca me había visto anclado a esta comunidad. En mi corazón siempre esperaba que algún día saldría de allí, con algún ministerio de carácter mundial de alguna clase. Pero el Señor empezó a mostrarme que nunca podría traer liberación de ninguna significación real y duradera a mi propia área si vivía allí como mis maletas emocionales y espirituales listas, siempre esperando por el día cuando el Señor me llamara a una comunidad más grande y con mayor influencia y significación.

Sin embargo, eso era precisamente lo que yo estaba haciendo; siempre estaba esperando «un llamamiento más alto». Me di cuenta de que lo que me faltaba era un *compromiso territorial*. Sentí que esto llegaba a ser un elemento clave para iniciar la liberación de mi ciudad.

Si mi ciudad alguna vez podía conocer verdadera liberación de sus espíritus regentes de apatía religiosa, avaricia financiera, idolatría y ocultismo, y cosas por el estilo, tendría que empezar con los líderes cristianos comprometiéndose con la gente y la tierra. Alguien como yo tenía que empezar, por desempacar las maletas y dejar a un lado el sueño de un ministerio más emocionante en el futuro. Debían unirse en esto pastores, líderes laicos e iglesias completas, ¡tomando responsabilidad de largo alcance por la tierra en que vivíamos! Susana y yo empezamos anunciando a nuestra congregación que considerábamos a Hemet como un llamamiento para toda la vida, y para comprar nuestros lotes en el cementerio.

Un pasaje de Jeremías habla del tiempo cuando los líderes de Israel ignoraron sus responsabilidades. «Muchos pastores han destruido mi viña, hollaron mi heredad, convirtieron en desierto y soledad mi heredad preciosa. Fue puesta en asolamiento, y *lloró sobre mí* desolada; fue asolada toda la tierra, porque *no hubo hombre que reflexionase*» (Jeremías 12.10, 11, énfasis mío).

Nuestra iglesia empezó como nunca antes a tomar nuestra tierra con el corazón. Un domingo en la mañana me sentí impulsado por el Espíritu Santo a llevar a toda la congregación a las faldas de una colina desde donde se contempla todo el valle de Hemet y San Jacinto. Allí estuvimos, codo a codo, con las manos extendidas hacia Hemet, por media hora e intercediendo en contra de las tinieblas espirituales que oprimían nuestra comunidad.

Cierto año mi esposa sintió que el Señor instruía a nuestra iglesia para que se inscribiera y participara en el desfile anual de Navidad en Hemet. Obedecimos sin cuestionar, nos inscribimos en el desfile, y marchamos por la calle principal de nuestra ciudad cantando alabanzas a Jesús con cantos tales como «¡Cuán poderoso es el Dios a quien servimos!» y «Cantad alegres al Señor».

El año pasado la participación de nuestra iglesia consistió en más de 450 personas que cantaban, danzaban en coreografía, llevaban banderas y cartelones e integraban el carro alegórico. Mediante nuestra participación nos esforzamos por ministrar a la gente de nuestra comunidad, y al mismo tiempo presentar una fuerte afirmación ante los espíritus de las tinieblas. La respuesta de parte de la comunidad ha sido tremenda; muchas personas están comprometiéndose de nuevo en las iglesias locales, y los negocios y empresas están donando dinero y materiales para ayudarnos a sufragar los gastos de nuestra participación. El año pasado los jueces del desfile de Navidad también quedaron impresionados y le dieron a nuestra iglesia el mayor premio: el «Trofeo Presidencial». Relato esto no por orgullo personal, sino para mostrar cómo una congregación corriente puede realmente amar a una ciudad y «tomarla con el corazón» como se menciona en Jeremías.

> Estoy convencido de que cuando
> aprendemos a abrazar nuestro
> compromiso territorial y su esfera de
> influencia, y conforme aprendemos cómo
> destruir las fortalezas, los principados y
> los poderes que rigen sobre nuestras
> comunidades, empezaremos, ciudad por
> ciudad, a incorporarnos en el plan final de
> Dios para nuestras ciudades y naciones.

Estoy convencido de que cuando aprendemos a abrazar nuestro compromiso territorial y su esfera de influencia, y conforme aprendemos cómo destruir las fortalezas, los principados y los poderes que rigen sobre nuestras comunidades, empezaremos, ciudad por ciudad, a incorporarnos en el plan final de Dios para nuestras ciudades y naciones.

COLOCAMOS ESTACAS POR DIOS
EN NUESTRA CIUDAD

Recientemente mientras oraba respecto al incremento de la violencia en las pandillas en nuestra comunidad, sentí la necesidad de establecer un toldo de oración sobre la ciudad. Habíamos orado previamente por una cubierta sobre nuestra ciudad, pero nunca habíamos hecho nada tangible como lo que el Señor nos estaba guiando ahora a hacer.

En oración fui llevado a Isaías 33.20-23, un pasaje que había leído muchas veces, nunca sintiendo que esta profecía sobre Asiria tenía alguna conexión directa con mi ministerio. Esta vez, sin embargo, sentí que Dios quería que prestara atención al texto literal, y lo aplicara a la toma de nuestra ciudad para Dios. Es importante tener las Escrituras delante antes de explicarla:

Mira a Sion, ciudad de nuestras fiestas solemnes;
tus ojos verán a Jerusalén, morada de quietud,
tienda que no será desarmada,
ni serán arrancadas sus estacas,
ni ninguna de sus cuerdas será rota.

Porque ciertamente allí será Jehová para con nosotros
fuerte, lugar de ríos, de arroyos muy anchos,
por el cual no andará galera de remos,
ni por él pasará gran nave.

Porque Jehová es nuestro juez,
Jehová es nuestro legislador,
Jehová es nuestro Rey;
él mismo nos salvará.

Tus cuerdas se aflojaron;
no afirmaron su mástil,
ni entesaron la vela

Soy el primero en reconocer que este pasaje, en su contexto histórico, tiene poco que ver con la guerra espiritual a nivel estratégico, o con tomar una ciudad para Dios. No obstante, sentimos que era la palabra profética de Dios para la Iglesia de Dwelling Place en Hemet, California, en 1991, de modo que nos dispusimos a obedecerla y a aplicarla conforme percibíamos, paso por paso, la dirección de Dios.

Isaías habla de un tabernáculo o tienda sostenida por estacas clavadas en la tierra. Las estacas nunca serían sacadas. ¿Una estaca en Hemet? Mientras continuaba orando sentí que el Señor nos estaba diciendo que claváramos estacas en la tierra. Nunca había oído de nadie que hiciera algo como esto, ni tampoco me sorprendería si nadie más lo hizo. Pero sabía en mi espíritu que sería correcto hacerlo particularmente si los ancianos de la iglesia estaban de acuerdo.

Convoqué a los ancianos un domingo temprano en la mañana, explicándoles que percibía que el Señor me estaba diciendo que claváramos estacas en la tierra para asegurar el toldo o tienda espiritual que Él quería extender sobre nuestra ciudad. Oramos juntos y al hacerlo tuvimos un solo sentir en el Señor. Acordamos avanzar y realizar una acción que pudiera parecer extraña, no solamente a nuestros vecinos, sino también a nosotros mismos. Decidimos hacerlo esa misma tarde. Uno de los ancianos que tenía una carpintería se ofreció voluntariamente a preparar estacas cuadradas de cinco centímetros de ancho.

Esa mañana le informé a la congregación en ambos cultos que íbamos a hacer otra excursión intercesora, o lo que Kjell Sjoberg en el capítulo 4 se refiere como una acción de oración profética. «Vengan vestidos cómodamente y reunámonos en el templo a las cuatro y media de la tarde», anuncié. Nos dividiríamos en cinco grupos. Cuatro acompañarían a uno de los ancianos para marcar con la estaca cada una de las cuatro entradas principales al valle, todas ellas carreteras. El quinto grupo nos acompañaría a mi esposa y a mí a la intersección principal en la mitad de la población. Precisamente a las cinco de la tarde, cada anciano clavaría su estaca en la tierra como un memorial al Señor, y la tienda resultante de oración permanecería como nuestra declaración de guerra estratégica de intercesión en contra de las tinieblas opresoras.

Al mismo tiempo Susana y yo, de pie en la intersección en el centro de la ciudad, elevaríamos una ofrenda de alabanza al Señor como el poste central de una tienda espiritual. Luego regresaríamos a la iglesia para el culto regular de las seis de la tarde en el que relataríamos nuestra experiencia con el grupo.

Al dirigir a cada anciano en cuanto a dónde clavar su respectiva estaca seleccioné cada lugar en mi mapa. Le pedí al anciano y al grupo que fueran al lado norte del valle y clavaran su estaca adyacente al Cañón Masacre y a la Iglesia Científica. En cada estaca habíamos inscrito la Escritura de Isaías 33.20-24.

Anchos ríos, arroyos y naves

A nuestro regreso el anciano del grupo que fue a la entrada norte, había hecho un notable descubrimiento. Mientras leían en voz alta las Escrituras que habíamos escrito en las estacas, se dieron cuenta de que Isaías 33.21 habla del Señor como un lugar de «anchos ríos y arroyos». Uno de los hombres notó que inmediatamente frente a ellos estaba el ahora seco lecho del río San Jacinto, y que a su izquierda inmediata estaba el ahora lecho seco del arroyo del Cañón Masacre. Ambos están secos actualmente debido al desastre del acueducto, y a la explotación del manantial por parte de la compañía mencionada anteriormente.

Esto hubiera sido suficiente estímulo, pero hubo todavía más. El pasaje específicamente menciona naves con cuerdas, mástiles y velas. Vivimos en una comunidad en el desierto, muy lejos de objetos náuticos. No obstante, el anciano explicó a la congregación que esa noche, después de que hubieron clavado la estaca y se dirigían de regreso a la iglesia, pasaron por la sede de la iglesia científica y para su sorpresa, en el terreno de ésta y contra el fondo de las colinas, ¡estaba una réplica a escala normal de un velero de tres mástiles completo con cuerdas, mástiles y velas!

Todos nosotros prorrumpimos en alabanzas a Dios al darnos cuenta de las increíbles posibilidades de hallar esas tres cosas juntas; el lecho del río, el arroyo y una nave completa con cuerdas, mástil y velas en medio del desierto. No es necesario decirlo, nos sentimos grandemente estimulados para avanzar en la intercesión por la liberación de nuestra comunidad. Creemos que el mismo Señor nos había dado, en su gracia, señales tangibles de que El estaba dirigiendo y guiando nuestras actividades.

Después de que esta tienda espiritual fue levantada aumentó dramáticamente el flujo de información respecto a las actividades de las tinieblas en nuestra comunidad. La gente aparecía como por encanto dando aviso de edificios antiguos, previo mal uso de la tierra o información que le llegaba a través del «amigo de un amigo» que sabía de algún brujo o bruja que celebraba reuniones en algún sitio.

Empezamos a ver inmediatos resultados de nuestra nueva y precisa intercesión por medio de la cartografía espiritual.

Nueva vida para la iglesia

Los resultados de nuestra intercesión a nivel estratégico y nuestras acciones de oración profética demostraron tener un efecto dramático en la vida de nuestra propia congregación. En el pasado, si éramos conocidos por algo, era por las divisiones de la iglesia. Habíamos experimentado cinco divisiones en 18 años. La desunión era ahora cosa del pasado. El ardiente espíritu de amor y armonía está atrayendo nueva gente y nuestra iglesia ha estado creciendo como nunca antes.

Por quince años nos reuníamos en una heladería vieja, parcialmente remodelada, en donde mi oficina era la sala de las descremadoras, y la sala de cuna era el antiguo congelador. Las mejoras habían sido pocas. Habían batallado por muchos programas para recaudar fondos en un esfuerzo para recoger las finanzas que tanto se necesitaban para realizar las remodelaciones necesarias, apenas para satisfacer las necesidades básicas de la congregación.

Los miembros de nuestra congregación eran, en su mayoría, obreros de fábricas, y nuestra capacidad financiera nunca parecía ser lo suficiente como para sacarnos adelante. La congregación, tanto como los líderes, se sentían impotentes como para cambiar la situación.

Pero ahora estaba ocurriendo algo, y era inequívocamente la mano de Dios. Después de entrar en este nivel de intercesión nuestra congregación recaudó, en un período de 18 meses, suficientes fondos como para construir un edificio completo para niños (sin ninguna deuda). En el mismo período remodelamos completamente el santuario (la antigua heladería). ¡Y la congregación dobló en tamaño en menos de un año!

Nueva esperanza para la comunidad

El resultado de este tipo de intercesión y de lidiar con las fortalezas de las tinieblas ha cambiado abiertamente el semblante espiritual de nuestra comunidad. Alrededor de 35 ministros en nuestra ciudad ahora trabajan juntos en la evangelización. Se reúnen mensualmente para un tiempo de oración y respaldo mutuo. Las iglesias comparten sus recursos, tales como máquinas copiadoras, proyectores y otras máquinas de oficina. Una iglesia comparte cada semana el edificio de su ministerio para niños con otra iglesia que no tiene un lugar permanente de reunión. No es raro oír que pastores canjean púlpitos los domingos por la mañana. Un pastor invitó a otro de una iglesia en otra ciudad a que viniera a la suya, dedicara al Señor a su hija recién nacida, y luego se quedara para predicar en el culto de la mañana.

Recientemente 30 iglesias y ministerios de la ciudad se reunieron para una campaña de dos semanas en una carpa. Cada noche de la campaña predicó un pastor diferente de la comunidad y una iglesia diferente proveyó la música. Cada noche, por dos semanas enteras, la carpa se llenó hasta el tope con miembros de congregaciones esparcidas por todo el valle trayendo a sus amigos inconversos para que oyeran el evangelio. Muchos fueron salvados, sanados y librados en esta demostración abierta de unidad corporal por el Cuerpo de Cristo en nuestro valle.

He leído en Jeremías 9.3 cómo el pueblo de Dios «no se fortalecieron para la verdad en la tierra». Nosotros solíamos encajar en esta descripción, pero estamos cambiando. Creo que tomaremos nuestras ciudades, una a la vez, al convertirnos no solamente en «un nombre, y una alabanza y gloria» para el Señor, sino al salir del confinamiento de nuestros templos, de nuestras actividades en la iglesia, de los programas de la iglesia y de las tradiciones de la iglesia, y literalmente ¡nos convirtamos en un pueblo para el Señor fortalecido para la verdad en la tierra!

—PREGUNTAS DE REFLEXIÓN—

1. Bob Beckett expresa su frustración porque, aun cuando las oraciones por las personas individuales estaban siendo

contestadas, las oraciones por la comunidad parecían ineficaces. ¿Puede usted identificarse con esto? ¿Qué se puede hacer al respecto?

2. Analice la reunión de oración en la cabaña de la montaña que lidió con la «piel de oso» a la luz de lo que aprendimos en el capítulo de Kjell Sjöberg sobre las «acciones de oración profética».

3. Jesús se dirigió a las ciudades como personalidades. ¿Piensa usted que puede hacer lo mismo? ¿Podría hacerse esto en las reuniones de oración en su iglesia?

4. ¿Cuán importante cree usted que es para un pastor hacer un «compromiso territorial»? ¿Conoce algún o algunos pastores que han tomado este compromiso territorial? ¿Estaría usted de acuerdo con Beckett?

5. ¿Piensa Bob Beckett que todos nosotros debemos salir y clavar en la tierra estacas con versículos bíblicos? ¿Le parece que usted y sus amigos lo harían?

Cómo evangelizar una ciudad dedicada a las tinieblas

SIETE

Víctor Lorenzo

*V*ÍCTOR LORENZO TRABAJA EN SU TIERRA NATAL DE *Argentina con «Evangelismo de Cosecha». Sus dones de discernimiento le han equipado para la cartografía extensiva de las ciudades de Resistencia y de La Plata. Fue ordenado al ministerio en la Iglesia Visión del Futuro, bajo el reverendo Omar Cabrera. Víctor sirve como secretario en el Cono Sur para la «Red de Guerra Espiritual del Sendero de Oración Unida del Movimiento del Año 2000 A.D.»*

Al considerar el tema de la guerra espiritual en general, y la cartografía espiritual en particular, creo que es útil aclarar el papel de la iglesia en esta actividad.

EL MANDATO DE LA IGLESIA

La iglesia tiene un mandato para predicar el evangelio por todo el mundo y extender el reino de Dios y su justicia. La guerra espiritual y la cartografía espiritual son simplemente actividades que ayudan en el cumplimiento de este mandato. Nos ayudan a descubrir y destruir las estrategias y maquinaciones que Satanás ha usado para mantener a la gente bajo su dominio, cegándoles al glorioso mensaje de Jesucristo.

Tan precisa como puede ser la cartografía espiritual, es mi opinión que sin un enfoque explícito en la evangelización, tiene poco significado. No es un fin en sí misma. De la misma manera, la evangelización que no toma seriamente nuestro enfrentamiento a los poderes demoníacos mediante la guerra espiritual puede acabar siendo un esfuerzo con mínimos resultados.

Dios le ha dado a su iglesia y a sus líderes la autoridad para tomar vecindarios, ciudades y naciones, tanto como continentes, para Jesucristo. La eficacia de la iglesia para ganar a los incrédulos para Cristo y para mejorar la sociedad dependerá grandemente de la disposición para emprender esta batalla. La unidad espiritual entre las iglesias y la dedicación a la oración intercesora son prerrequisitos importantes para la victoria.

EL LLAMADO DE DIOS A LA CARTOGRAFÍA ESPIRITUAL

Mi llamado a la cartografía espiritual vino a través de mi participación en el «Plan Resistencia», un esfuerzo masivo de evangelización en la ciudad de Resistencia, Argentina. Al presente participo en el ministerio de «Evangelismo de Cosecha» bajo el liderazgo de Edgardo Silvoso, un colega argentino. Acordamos, como equipo, lanzar un esfuerzo de alcance evangelizador de tres años en Resistencia, una ciudad de 400,000 habitantes en el norte de Argentina. Nuestros principales énfasis serían la unidad del Cuerpo de

Cristo en Resistencia, emprender la guerra espiritual a nivel estratégico, conducir oración intercesora intensiva, multiplicar nuevas iglesias, junto con el empleo de los métodos tradicionales de evangelización. Durante el primer año el Espíritu Santo empezó a mostrarme que la magnitud de la guerra espiritual que se exigía era mucho más grande de lo que nos habíamos imaginado.

Mi propia visión de la guerra espiritual fue agrandada enormemente a principios de 1990. Empecé a ver que la guerra espiritual debía hacerse a nivel de tierra, arrojando fuera los demonios que atormentaban a las personas, tanto como a nivel estratégico. Esta fue una dimensión de la estrategia demoníaca que resultó ser tanto compleja como ampliamente extendida. Cuando leí el libro de John Dawson, *La reconquista de tu ciudad* (Editorial Betania), empecé a pensar sobre la necesidad de aplicar a la ciudad de Resistencia los principios señalados por Dawson. Pero estaba renuente. Había ministrado a tantas personas que estaban en esclavitud bajo espíritus malos y conocía de primera mano los horrores de las actividades del diablo. No tenía ninguna inclinación de adentrarme más en los secretos de la estrategia satánica.

Gonzalo y el ángel de la guarda

Mi renuencia a hacer lo que sabía que era la voluntad de Dios proveyó una entrada al enemigo para atacarme a mí y a mi familia. Cada noche por una semana entera nuestro hijo de quince meses, Gonzalo, se despertaba a la 1:00 a.m, gritando. Cada noche nos llevaba hasta cuatro horas calmarlo. Finalmente, una noche sentí que ya había tenido suficiente y que necesitaba tomar un curso diferente de acción. Sabía que mi actitud rebelde era la raíz de nuestro problema. Le pedí a mi esposa que se quedara en cama mientras yo bregaba con la cuestión.

Antes de ir al dormitorio de Gonzalo me fui al comedor para orar. Dije: «Señor, por favor perdóname por mi desobediencia. Confieso que no tengo recursos ni capacidad en mí mismo para manejar la situación. Te pido que me abras los ojos y los oídos para comprender lo que tu Espíritu Santo desea revelarme. Dios, por favor, dame la misma unción que Eliseo tuvo para percibir la realidad espiritual. Permíteme ver a mis enemigos, pero dame también la confianza de que los que están conmigo son más numerosos y más poderosos que los que están contra mí. Que yo pueda ver la realidad de tus ángeles».

Teniendo fe en que el Señor respondería a mi oración, me fui al dormitorio de Gonzalo. Cuando abrí la puerta me sentí apabullado con una espeluznante fuerza de maldad. Sentí escalofríos. Inmediatamente sentí la presencia de la muerte, y sabía que el Señor me estaba revelando la identidad de mi enemigo.

Sentí que el Espíritu Santo me decía: «Toma la autoridad en el nombre de Jesús», y obedecí. Le ordené al espíritu de muerte que saliera y que nunca regresara a atormentar a mi hijo. En ese momento vi en mi mente un cuadro del ángel de la guarda que me era familiar.

Le dije: «Señor, tú has prometido que pondrías tus ángeles alrededor nuestro para protegernos. Si es tu voluntad, necesito esa protección ahora, especialmente para mi familia». Inmediatamente la habitación se llenó de una luz brillante. Miré hacia la cuna en donde Gonzalo yacía y vi un gigantesco ángel con una espada desenvainada en su mano. El ángel me dijo: «Desde este día y en adelante yo estaré al lado de tu hijo para protegerle y cuidarle mientras tú cumples tu llamamiento divino».

Gonzalo tiene ahora tres años y nunca más ha sido atormentado por espíritus malos. El niñito tiene una comprensión poco común de la guerra espiritual y él mismo ahora toma la autoridad en el nombre de Jesús sobre cualquier poder de tinieblas que puede percibir.

Cartografiado de la ciudad de Resistencia

Ahora sabía que Dios quería que estudiara e indagara respecto a la ciudad de Resistencia. También estaba dolorosamente consciente de que no tenía ningún adiestramiento o experiencia en tales cosas. Mi única herramienta era el libro de John Dawson *La reconquista de tu ciudad*.[1] Tomé las preguntas de Dawson, y me fui a la biblioteca municipal. Después de cuatro días de hurgar en cientos de páginas estaba totalmente frustrado. Tuve que admitir que aun cuando ahora tenía una gran cantidad de información precisa, no había descubierto algo que pareciera importante para nuestra tarea.

Humillado por esta experiencia me fui otra vez a orar. Le supliqué al Espíritu Santo que me diera una nueva revelación y que me mostrara el camino a seguir. Cuando llegué a casa mi esposa, sin saber muchos de los detalles de lo que yo estaba haciendo, sugirió que visitara una exposición de arte nativo. Sin entender plenamente por qué, tuve la sensación de que si seguía su sugerencia encontraría algunas respuestas.

Así ocurrió. Cuando fui a la exposición encontré a cinco profesores universitarios que estuvieron más que dispuestos a compartir la información conmigo. Concordaron que era importante entender la identidad espiritual de Resistencia. Me dieron información que era totalmente nueva para mí. Por 10 días y en una manera absolutamente increíble estos cinco eruditos me proveyeron de todo lo que necesitaba. Estaba sorprendido por la poderosa mano de Dios en todo esto. Era difícil creer que estos cinco hombres, bien conocidos y respetados en la ciudad, ¡estaban realmente trabajando para mí!

Los poderes sobre la ciudad.

De la información que recibí a través del folclore de la ciudad, pude identificar cuatro poderes espirituales: *San Muerte* (el espíritu de la muerte), *Pombero* (el espíritu de temor), *Curupí* (espíritu de perversión sexual) y *Pitón* (Pitón o el espíritu de brujería y hechicería).

---

1. John Dawson, *La reconquista de tu ciudad*, Editorial Betania, Miami, FL, 1991, pp. 74-75.

Teniendo estos datos, y no sabiendo exactamente qué hacer con ellos, le pregunté al Señor una vez más que me mostrara el camino. Su respuesta en esta ocasión fue: «Espera». Esperé por un mes y medio, entonces Cindy Jacobs visitó Argentina por primera vez. «Evangelismo de Cosecha» la enviaba para que ayudara a instruir en la guerra espiritual a los líderes cristianos e intercesores.

Acompañada de Doris Wagner, Cindy ministró en Buenos Aires con notable poder, y luego llegó a Resistencia para un seminario de dos días. En el primer día le conté la información que había reunido. Le conté respecto a cuatro grandes murales de arte en la plaza central, que yo pensaba podía presentarnos un mapa espiritual de la ciudad.

Cuando Cindy los vio esa tarde, el Señor, mediante el don de discernimiento de espíritus de ella, claramente le mostró lo invisible detrás de lo visible, como Peter Wagner dice en el capítulo 2. Ella confirmó la presencia de cuatro principados sobre Resistencia, y luego discernió otros dos. Estos eran principados de alto rango que ella había encontrado previamente en Buenos Aires y que ahora sospechaba que podían tener jurisdicción nacional, el espíritu de la francmasonería y de la *Reina del Cielo*.

La cartografía espiritual combina la investigación, la revelación divina y la evidencia confirmatoria para proveer información completa y exacta concerniente a la identidad, estrategias y métodos empleados por las fuerzas espirituales de maldad para influir en las personas y en las iglesias de una región dada.

Durante el seminario, Cindy, a quien Marfa Cabrera servía magistralmente de intérprete, refirió profundas y reveladoras perspectivas. Nos llevó a una comprensión mucho más amplia de la guerra espiritual, así como guió a los líderes de la iglesia en maneras prácticas para tomar la tierra en el nombre de Jesús.

La batalla en la plaza

Al día siguiente los de nuestro equipo nos fuimos a la plaza con los pastores de las iglesias de Resistencia, un grupo adiestrado de intercesores y Cindy Jacobs. Por cuatro horas batallamos fieramente contra los poderes invisibles que había luego sobre la ciudad. Los atacamos en lo que sentíamos ser el orden jerárquico, desde abajo para arriba. Primero vino *Pompero,* luego *Curupí,* después *San Muerte,* luego el espíritu de la francmasonería, la Reina del Cielo y luego el espíritu Pitón de quien sospechábamos que actuaba como coordinador de todas las fuerzas del mal de la ciudad. Cuando concluimos, una sensación de paz casi tangible vino sobre todos los que habíamos participado. Nos sentimos confiados de que la primera batalla había sido ganada y que la ciudad podía ser reclamada para el Señor.

Después de esto la iglesia en Resistencia estaba lista para la evangelización a escala completa. Los incrédulos empezaron a responder al evangelio como nunca antes. Como resultado de nuestro plan de alcance de tres años la asistencia a las iglesias aumentó en un cinco por ciento. El efecto se sintió en todos los estratos sociales de la ciudad. Pudimos acometer proyectos comunitarios tales como proveer agua potable para los pobres. La imagen pública de la iglesia evangélica mejoró grandemente al ganar respeto y aprobación de parte de líderes sociales y políticos. Se nos invitó a usar los medios masivos de comunicación para esparcir nuestro mensaje. La guerra y la cartografía espiritual que pudimos hacer abrió nuevas puertas en Resistencia para la evangelización, la mejora social y para recoger la cosecha espiritual.

¿QUÉ ES LA CARTOGRAFÍA ESPIRITUAL?

Según yo lo veo, la cartografía espiritual combina la investigación, la revelación divina y la evidencia confirmatoria para proveer información completa y exacta concerniente a la identidad, estrategias y métodos empleados por las fuerzas espirituales de maldad para influir en las personas y en las iglesias de una región dada.

¿Es bíblica?

Aun cuando la Biblia no usa nuestro término contemporáneo «cartografía espiritual», vemos que es una de las muchas actividades y procedimientos en el proceso de librar la guerra espiritual bíblica. Es bíblico darse cuenta de las «maquinaciones del diablo» (véase 2 Corintios 2.11), y la cartografía espiritual simplemente nos ayuda a lograrlo. Para mí es como decir que las cruzadas a nivel de toda la ciudad son escriturales porque son un medio de evangelización bíblica, o que la Escuela Dominical es bíblica como un medio de nutrición cristiana, incluso cuando ninguna de estas cosas es mencionada en la Biblia.

La cartografía espiritual es como las fuerzas de inteligencia de un ejército. Por medio de ellas vamos detrás de las líneas del enemigo para comprender los planes y fortalezas del enemigo... hacemos «espionaje espiritual».

La cartografía espiritual es como las fuerzas de inteligencia de un ejército. Por medio de ellas vamos detrás de las líneas del enemigo para comprender los planes y fortalezas del enemigo. Como Kjell Sjöberg lo dice en el capítulo 4, hacemos «espionaje espiritual».

En el Antiguo Testamento vemos un modelo para tomar las ciudades mediante la experiencia de Israel. Los israelitas enviaron espías primero para evaluar al enemigo. En Números 13, por ejemplo, hallamos a los israelitas en posición de entrar en la tierra prometida. Moisés envió 12 espías. Ellos fueron con la autoridad de Moisés y de Dios. Tenían claras instrucciones sobre lo que debían investigar. Regresaron con la información, junto con una opinión negativa de la mayoría. ¿El resultado? ¡Cuarenta años en el desierto!

Luego, en Josué 2, los israelitas tuvieron otra oportunidad de entrar en la tierra prometida. Josué envió dos espías. Tenían la autoridad. Recibieron instrucciones claras. Recogieron la información de parte de un miembro del campamento enemigo: Rahab. Trajeron de regreso la información *sin* opinión personal. ¿El resultado? ¡La conquista de Jericó!

En Josué 7 los israelitas debían conquistar Hai. Enviaron espías, pero había pecado en su campamento. Tenían «agujeros en su armadura», como lo diría Cindy Jacobs. Fueron enviados en el tiempo inapropiado, fueron engañados, y dieron un informe defectuoso. ¿El resultado? ¡Fueron derrotados!

De estos y otros pasaje deduzco varios principios para la cartografía espiritual, que creo, son bíblicos:

1. Debemos basar nuestro ministerio en la Palabra de Dios y en su revelación.
2. Debemos estar seguros de estar viviendo en santidad antes de avanzar.
3. Debemos ser enviados por Dios en su tiempo y con su autoridad.
4. Debemos conducir nuestra indagación de acuerdo a las instrucciones que hemos recibido
5. Debemos referir la información sin opiniones personales o prejuiciadas.
6. Debemos mantener una actitud de fe en el poder de Dios.

UN NUEVO DESAFÍO: LA PLATA

Parcialmente como resultado del ministerio en Resistencia, la asociación ministerial de la ciudad de La Plata invitó a «Evangelismo de Cosecha» a conducir un nuevo proyecto de tres años de alcance con ellos. Esperábamos que las lecciones aprendidas en Resistencia nos ayudarían a hacer un trabajo aún mejor en La Plata.

Para nosotros Resistencia fue un laboratorio experimental en donde, bajo condiciones apremiantes poco comunes, pudimos someter a prueba en el mismo campo cada aspecto de nuestro plan. Nuestro laboratorio dio como resultado tanto puntos fuertes como débiles. Una cosa que habíamos aprendido es que el éxito de un plan como aquel depende de la actitud de los pastores de la ciudad y de la disposición de las iglesias para tales proyectos. Concluimos que la falta de penetración en una ciudad, al usar evangelización eficaz, está directamente relacionada con la condición espiritual de las iglesias.

En La Plata queríamos repetir lo que hicimos bien en Resistencia, y evitar repetir lo que hicimos mal. Creemos que los resultados permanentes de cualquier esfuerzo de evangelización a nivel de ciudad estarán en proporción directa al éxito de las batallas espirituales en las cuales se enfrentan las fuerzas que rigen en la ciudad. Al mismo tiempo, la victoria final dependerá de la salud espiritual interna de las iglesias. Para que ellas estén saludables, los pastores y otros líderes necesitan enfrentar sincera y francamente cualquier condición pecaminosa que pueda darle lugar al diablo. Deben aprender a usar las armas espirituales que el Señor le ha dado a su iglesia. Deben rechazar cualquier forma de rebelión, disensión y contención.

Después de tres años de intenso trabajo en Resistencia, vimos muchas señales y maravillas, vimos una ciudad abierta a la predicación del evangelio de Cristo, vimos mejoría social, y ganamos favor en los ojos de los incrédulos. Por otro lado, no tuvimos éxito en sanar las heridas de la amargura entre pastores. Por consiguiente, aun cuando la unidad de las iglesias había mejorado considerablemente, no satisfacía plenamente los deseos del corazón de Dios. Algunos líderes no tuvieron la valentía de acometer abiertamente contra las fortalezas que el enemigo había plantado entre las iglesias. Como resultado, eran más vulnerables a los ataques espirituales de lo que debían serlo, y el proyecto no tuvo todo el éxito que hubiéramos esperado.

A modo de nota al calce, estamos agradecidos de que al momento de escribir estas líneas la situación ha mejorado grandemente y el Cuerpo de Cristo en Resistencia está finalmente llegando a tener una unidad espiritual. Si esto hubiera ocurrido hace dos o tres años, opinamos que hubiéramos visto mucho más fruto que permanece que el que vimos. No obstante, un aumento en la asistencia de las iglesias del ciento por ciento es alentador.

El avance a La Plata

El plan evangelizador para La Plata continúa la visión que Dios le ha dado a Edgardo Silvoso para una toma estratégica de la ciudad para Cristo. Silvoso basa su estrategia en cuatro principios fundamentales:

1. La unidad espiritual de las iglesias en una ciudad;
2. Oración intercesora poderosa.
3. Guerra espiritual a nivel estratégico.
4. Multiplicación de nuevas iglesias.

Peter Wagner dice: «La más sofisticada estrategia para evangelizar una ciudad que tenemos actualmente es *"Evangelismo de Cosecha"* de Edgardo Silvoso».[2] Para ver cómo la cartografía espiritual encaja en el diseño evangelizador completo, permítame resumir los seis pasos que señala Edgardo Silvoso para tomar una ciudad:

---

2. C. Peter Wagner, *Oración de guerra*, Editorial Betania, Miami, FL, 1993.

1. Establecer el perímetro de Dios en la ciudad.
Defina quién y cuántos forman el reino de Dios en la ciudad.
Busque el «remanente fiel», o los que se han comprometido
a pagar el precio para que haya un avivamiento.

2. Fortalezca el perímetro.
Reconozca que el enemigo se ha infiltrado en la ciudad
tanto como en las iglesias. Nutra y edifique a los santos.
Discierna las fortalezas del enemigo. «Solícitos en guardar
la unidad del Espíritu en el vínculo de la paz» (Efesios 4.3).
Inicie el movimiento de oración y establezca casas de oración en la ciudad.

3. Expanda el perímetro de Dios en la ciudad.
Haga planes específicos para extender del reino de Dios en
la ciudad. Formule metas y objetivos. Aproveche cada
recurso disponible. Empiece a adiestrar a líderes y a los que
establecerán iglesias.

4. Infíltrese en el perímetro de Satanás.
Lance un «ataque aéreo» de oración específica y estratégica
mediante cientos y miles de casas de oración (células de
oración), con el objetivo de debilitar el control de Satanás
sobre los no salvos, reclamando en su lugar una disposición
favorable al evangelio. Al mismo tiempo empiece a plantar
iglesias en embrión («faros» o «misiones») con expectativas
de una cosecha abundante.

5. Ataque y destruya el perímetro de Satanás.
Empiece el «asalto frontal». Lance la toma espiritual de la
ciudad, confrontando, atando y echando fuera los poderes
espirituales que rigen sobre la región. Proclame el mensaje
del evangelio a toda persona en la ciudad. Discipule a los
nuevos creyentes mediante los «faros» o «misiones» establecidos.

6. Establezca el nuevo perímetro de Dios en donde estuvo anteriormente Satanás.
Bautice a los nuevos creyentes en un servicio bautismal unido como una declaración visible y espiritual de victoria. Continúe discipulando. Edifique las nuevas iglesias. Inyecte la visión misionera para alcanzar otras ciudades. ¡Repita el ciclo!

Al momento de escribir eso, el Plan de La Plata todavía no ha alcanzado su punto medio. Empezó en 1991, teniendo como meta que el cinco por ciento de los pobladores lleguen a ser cristianos evangélicos para fines de 1993. Esto significa que las 85 iglesias cristianas que existían en 1991 tendrán que aumentar a 300 iglesias para fines de 1993. Ya se han empezado 1,700 casas de oración, y se han celebrado muchos seminarios de adiestramiento intensivo. En junio de 1992 Cindy Jacobs visitó La Plata por segunda vez. En su primera visita dirigió un seminario sobre salud interna para los miembros de iglesias quienes, en general, no estaban en excelente salud espiritual. En la segunda visita, como lo detallaré más adelante, guió a los pastores e intercesores a empezar a tomar autoridad espiritual sobre la ciudad, intensificando el «ataque aéreo».

LA CARTOGRAFÍA ESPIRITUAL EMPIEZA

En el diseño evangelizador de Edgardo Silvoso la cartografía espiritual debe ser hecha en su mayoría antes del paso número 5: «Atacar y destruir el perímetro de Satanás». Bajo mi dirección realizamos la mayoría de la cartografía espiritual anterior a la visita de Cindy Jacobs en junio.

Poco antes de que mi familia y yo nos mudáramos de Resistencia a La Plata, me fui aparte para un tiempo de oración. Le pedí al Señor que me mostrara la situación espiritual de La Plata. Sentí que el Señor me hablaba y, más bien para mi sorpresa, me dio una sola palabra: «francmasonería». Inmediatamente recordé que uno de los espíritus que regían sobre Resistencia, el que Cindy Jacobs y Doris

Wagner habían sospechado ser un espíritu territorial nacional, era el espíritu de la francmasonería. Sabía algo respecto al papel que la francmasonería jugó en la liberación de América Latina de los españoles mediante Simón Bolívar y José de San Martín. Pero aparte de eso, no tenía ningún otro conocimiento personal de la orden secreta, aunque sí lo que creían o hacían.

Cuando llegué a La Plata primero busqué y establecí relación con los intercesores reconocidos de varias iglesias. No teniendo comunicación entre ellos mismos y sin mencionar nada al respecto, tres intercesores ofrecieron voluntariamente la información de que en oración habían recibido recientemente advertencia en contra del espíritu de la francmasonería. Esto confirmó el mensaje que yo había recibido del Señor, y me dio la confianza para avanzar en esa ruta en mi investigación.

Los fundadores de La Plata

Mi investigación confirmó que todos los que participaron en la fundación de la ciudad un poco más de cien años atrás eran francmasones. Dardo Rocha, conocido como el padre de la ciudad, era un masón de alto rango. Los fundadores pertenecían a la logia masónica de Argentina Oriental. El libro publicado por el periódico *El día* para conmemorar el centésimo aniversario de fundación de La Plata dice: «La ciudad de La Plata fue creada para dar refugio a la familia masónica de Argentina Oriental».

Una ciudad planeada para glorificar al enemigo

Dos páginas más adelante reproduzco un mapa de las 1,254 manzanas de la parte central de la ciudad de La Plata, para ilustrar lo que parece ser el diseño intencional de los fundadores de la ciudad para glorificar a la criatura antes que al Creador. La clave es el número 6, prominente en el ocultismo, y las plazas están ubicadas cada 6 calles. El número 666 se exhibe claramente en muchos de los edificios públicos. El punto de más altitud de la ciudad es la plaza central, desde la cual 2 principales bulevares diagonales, las Diagonales 73 y 74, descienden a los cuatro puntos cardinales de la brújula. La ciudad no está trazada de norte, sur, este y oeste, como la mayoría de las ciudades de América Latina, sino en un ángulo de 45 grados, de modo que las diagonales, no las calles ordinarias, se alineen con los puntos cardinales. Como se puede ver, las diagonales forman una pirámide casi perfecta.

En el proceso de establecer la nueva ciudad de La Plata Dardo Rocha visitó Egipto, la tierra de las pirámides y también la antigua sede de la francmasonería. Allí compró 16 momias, presumiblemente con la intención de ayudar a asegurar la ciudad permanentemente bajo el poder de los ángeles de las tinieblas. Actualmente 4 de ellas se hallan en el Museo de Ciencias Naturales. Ninguna de las personas con quienes he hablado sabe dónde están las otras 12, pero algunos historiadores sospechan que están sepultadas en puntos estratégicos de la ciudad en donde el poder oculto potencial puede influir en el mayor número de habitantes.

Las cuatro mujeres

En la plaza central, la Plaza Moreno, hay cuatro enormes estatuas que al principio parecen ser mujeres atractivas. Un examen más detallado muestra que cada una de las mujeres está haciendo un signo de maldición extendiendo el dedo índice y el meñique de una mano. Una de ellas, en la Diagonal 73 hacia el oeste, apunta a la catedral católica, maldiciendo el poder religioso sobre la ciudad. Una segunda estatua, en la parte oriental de la Diagonal 73, sostiene en una mano trigo que ha sido deformado, y la otra mano está maldiciendo la tierra, la fuente de nuestro pan cotidiano. La tercera estatua está en el lado norte de la Diagonal 74. Está en una postura sensual ofreciendo una flor con una mano y sosteniendo en la otra un ramo de flores junto con la señal de maldición. Está maldiciendo todo lo que tiene que ver con el amor y la familia. La cuarta estatua se halla

Mapa de La Plata

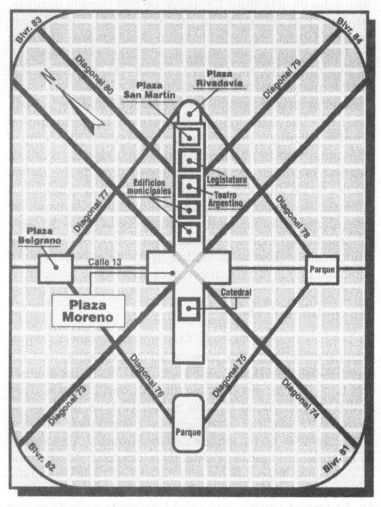

en el sur de la Diagonal 74, extendiendo su mano hacia el Salón de la Ciudad, y maldiciendo el poder político de ésta.

Cuando empecé a investigar el origen de estas perversas estatuas hallé que habían sido seleccionadas y ordenadas mediante un catálogo publicado por la Fundición Val D'Osme de París, Francia, fundición de propiedad y operada por francmasones. Descubrí también, para mi disgusto, que la mayoría de las estatuas en las plazas de toda Argentina habían sido fabricadas por la misma fundición masónica.

También en la plaza central, y procedente de la misma fundición, se hallan dos enormes urnas según la tradición masónica, cuyas agarraderas tienen forma de caras de demonios.

Después de reunir toda esta información respecto al papel de la francmasonería en la fundación de La Plata, todavía no sentía que había descubierto la clave real para la cartografía espiritual. Me puse en oración por varios días, pidiéndole al Señor que me mostrara más. Un día sentí que le oía decir: «La clave que buscas está en dibujar un mapa de la ciudad».

LA PLATA, ¿UN TEMPLO MASÓNICO?

Si observamos más de cerca el mapa de la ciudad de La Plata empezaremos a ver que el diseño geométrico general forma el simbolismo masónico general.

1. El compás. El gozne del compás masónico está formado por la Plaza Rivadavia, nombrada por el primer presidente de Argentina, quien fue un francmasón, y la Plaza Almirante Brown, nombrada por un oficial militar que participó en la revolución contra España y que también era francmasón. Los dos brazos del compás son las Diagonales 77 y 78.

2. La escuadra. El interior de la escuadra masónica forma un punto en ángulo recto en la Plaza de San Martín, nombrada por el héroe nacional argentino que también fue un francmasón. El lado extremo forma un ángulo recto en la Plaza Moreno, en donde se hallan las notorias cuatro estatuas. Moreno fue una figura clave en la revolución de 1810 y además fue un francmasón.

3. *La cruz invertida.* Como se puede ver en el mapa, la cruz invertida está formada por lo que se llama «El eje histórico de la ciudad», conteniendo los edificios que alojan los poderes religiosos y políticos de La Plata. El punto vertical de la cruz empieza con la estación de policía al pie de la cruz (la parte superior del mapa, debido a que está invertida), atraviesa la sede del gobierno provincial, la legislatura de la provincia, el teatro Argentino, el palacio municipal, la catedral católica, el Ministerio de Salud y acaba en el cuartel del ejército. A la izquierda del travesaño se halla la Corte de Justicia y a la derecha el Ministerio de Educación.

Un principio del gobierno democrático es mantener cada rama independiente la una de la otra. Pero hallé que muchas ciudades diseñadas por masones tienen túneles subterráneos secretos que las unen, En La Plata la Calle 52, también llamada el «Eje Histórico de la Ciudad», no tiene calle en la superficie, sino un túnel subterráneo. Algunos dicen que los masones conducían ritos secretos bajo los centros de poder de la ciudad, ejerciendo así, hasta donde era posible, el control espiritual sobre la gente.

Debido a que los masones no creen que la sangre derramada de Jesús en la cruz es el único pago por nuestros pecados, y por tanto, el único camino de salvación, en el mapa parece que la X formada por las Diagonales principales 73 y 74 virtualmente cruza o cancela la cruz. De la cruz, en la piedra angular de la ciudad en el centro de la Plaza Moreno, se dice que contiene una cápsula de tiempo masónica implantada por Dardo Rocha.

Aunque no los he subrayado en el mapa, hallé más símbolos masónicos en el diseño de las calles de la ciudad, tales como la Estrella Oriental, el pentagrama y otros. Símbolos adicionales están presentes en forma de estatuas y monumentos por toda la ciudad.

Después de investigar más en los Estados Unidos, en 1992, estoy preparado para ofrecer la hipótesis de que La Plata bien puede ser el epítome de diseño de una ciudad masónica. No me sorprendería si la ciudad misma es considerada como un templo central por la francmasonería de todo el continente americano.

¿Qué es la francmasonería?

Mis estudios indican que la francmasonería es un movimiento secreto y ocultista, que adora y sirve a Satanás y a los poderes de los demonios. Usa cualquier medio disponible para adquirir poder, autoridad e influencia en los asuntos humanos. Es una combinación de muchas creencias, con raíces en el antiguo Egipto y avanzando a través de Asiria, Caldea, Babilonia, China, India, Escandinavia, Roma y Grecia.

Muchos se unen a los masones porque piensan que es una asociación fraternal y benevolente. Conforme van subiendo por los órdenes, lo más probable es que ocurra la demonización, y en los grados más altos, se dice que se hacen pactos abiertos e irreversibles con Satanás y sus fuerzas. El resultado final en muchos casos tal vez no sea benevolencia, sino una ayuda para los objetivos de Satanás de robar, matar y destruir.

Un resultado moderno de la francmasonería se relaciona con el creciente movimiento de la Nueva Era. Es más, la *Revista de la Nueva Era* es publicada por «El Supremo Concilio Madre del Mundo, El Supremo Concilio del Grado Treinta y Tres y Último, El Antiguo y Aceptado Rito Escocés de la Francmasonería, Jurisdicción Sureña, Estados Unidos de Norteamérica», con sede en Washington, DC.

Los poderes sobre La Plata

Por medio de nuestro estudio de la francmasonería y sus creencias, opinamos que hemos descubierto la presencia de seis principados que rigen sobre La Plata. Estos espíritus territoriales son:

1. El espíritu de sensualidad: exhibido en los símbolos fálicos comunes de la francmasonería.

2. El espíritu de violencia: enraizado en los métodos de castigo que integran los ritos de iniciación masónica.

3. El espíritu de brujería: manifestado en la magia e intriga de la francmasonería.

4. El espíritu de la muerte viviente: relacionado con la leyenda del Osiris egipcio, y perpetuado en La Plata mediante los ritos de la sepultura de las momias para maldecir a la ciudad.

5. La deidad masónica, Yah-Bal-On: que es el hombre fuerte sobre la ciudad.

6. La Reina del Cielo: manifestada primariamente en la adoración de la Virgen María, y posiblemente relacionada por medio de la francmasonería a la antigua diosa egipcia Isis.

Muchas líneas de poder por toda la ciudad indudablemente constituyen líneas ocultistas de poder. El «Eje Histórico de la Ciudad» en donde debería estar la Calle 52 es un ejemplo destacado. Otro es la Diagonal 74, que atraviesa la Plaza Central en donde están ubicadas las cuatro estatuas, que atraviesa muchas otras plazas importantes, así como el local de la colonia de afrobrasileños que abiertamente practican el vudú y las maldiciones de muerte, y yendo a rematar en el cementerio, el símbolo de la muerte.

TOMAMOS AUTORIDAD SOBRE LA PLATA

Transcurrió un año de cartografía espiritual y tuvieron lugar muchas otras actividades preparatorias, incluyendo un seminario a nivel de ciudad entera de sanidad, la creación de una red poderosa de intercesores, muchas reuniones de oración de pastores, y el establecimiento de 1,700 casas de oración. Para junio de 1992 los pastores de la ciudad sintieron que era tiempo para la primera batalla espiritual en contra de las fuerzas satánicas predominantes de La Plata. Cindy Jacobs, quien es bien respetada entre los líderes argentinos por sus dones y ministerio espiritual para dirigir a los pastores a tomar su ciudad para Dios, visitó La Plata para participar.

Los pastores tomaron su texto direccional de 2 Crónicas 7.14: «Si se humillare mi pueblo, sobre el cual mi nombre es invocado, y oraren, y buscaren mi rostro, y se convirtieren de sus malos caminos; entonces yo oiré desde los cielos, y perdonaré sus pecados, y sanaré su tierra».

Los creyentes de la ciudad se reunieron en una de las iglesias principales. Por cuatro horas la iglesia de La Plata oró fervientemente por la ciudad, pidiendo perdón por las iniquidades de la comunidad y por los pecados que se cometían. Los líderes humildemente pidieron a Dios que borrara las consecuencias del pecado y quitara la maldición de la ciudad. Luego oraron por los que habían sido lesionados por los líderes políticos y las estructuras sociales injustas, y por los que habían sido lastimados por las iglesias y líderes de éstas. Se arrepintieron por la presencia de la francmasonería en la ciudad y por la entrega de ésta a Satanás. Vertieron su corazón pidiendo perdón por toda clase de pecados sexuales, por la violencia en la ciudad (especialmente durante la era terrorista), por la opresión militar, por la adoración del principado conocido como la Reina del Cielo, y por la brujería y hechicería en la ciudad. Finalmente vinieron en contra del espíritu de la muerte viviente y la apatía resultante en la gente.

Después de un extenso período de humillación y arrepentimiento derramando muchas lágrimas, estaban listos para proclamar: «¡Ahora es el tiempo de Dios para La Plata!»

Después de ese destacado acontecimiento, y sintiendo que Dios había contestado nuestras oraciones por liberación y perdón de pecados, 20 pastores y varios intercesores se reunieron con Cindy Jacobs y su esposo Mike, a fin de planear la estrategia para librar la batalla en la plaza central, la Plaza Moreno. El resto del grupo se quedó atrás, orando por nuestra protección. Se decidió que los pastores en la Plaza Moreno orarían de dos en dos, el primer pastor rompiendo el poder del espíritu y el segundo invocando al espíritu opuesto y al don redentor de Dios usando las Escrituras. Uno a la vez oraron:

1. *En contra del espíritu de sensualidad:* Orarían de pie en la piedra angular de la ciudad en la Diagonal 73, con la vista hacia el este, hacia Europa, desde donde vinieron los primeros colonizadores del área, la mayoría de los cuales fueron criminales y prostitutas.

2. *En contra del espíritu de violencia:* Orarían en la Diagonal 73, con la vista hacia el oeste, y mirando hacia el interior de la nación, en donde se lanzaron crueles ataques contra la población nativa, causando mucho derramamiento de sangre y la aniquilación de algunas tribus indígenas.

3. *En contra del espíritu de hechicería:* En la Diagonal 74, mirando hacia el norte, hacia Brasil, desde donde vino el espiritismo afrobrasileño.

4. *En contra del espíritu de la muerte viviente:* En la Diagonal 74, mirando hacia el sur, en dirección al cementerio, símbolo de muerte.

5. *En contra del espíritu de la Reina del Cielo:* mirando hacia la catedral, que representa el culto de adoración de la Virgen María.

6. *En contra de la deidad masónica, Yah-Bal-On:* el hombre fuerte sobre la ciudad, de pie en la piedra angular de la ciudad.

Empezamos a orar a las seis de la tarde, creyendo que el número 6 era importante, y oramos en el orden indicado arriba. Sentimos que Dios nos dio señales significativas durante nuestra estadía allí. Por ejemplo, cuando empezamos a orar en contra del espíritu de violencia y destrucción, las campanas del palacio municipal repicaron sin ninguna razón evidente. Habíamos visto lo mismo ocurrir tanto en Mar del Plata como en Resistencia, de modo que lo interpretamos como una señal divina. Posteriormente descubrimos que en la iglesia, en ese mismo momento en que estábamos atando al espíritu de violencia, los demonios se manifestaron en un joven que había estado participando en las artes marciales. Saltó más de tres metros en el aire, estrelló su cabeza contra la pared y empezó a destruir mesas y sillas. Los creyentes oraron por su liberación y él quedó libre del ataque satánico.

Posteriormente, mientras estábamos en la piedra angular de la ciudad en el centro de la Plaza Moreno, llegamos a estar contra el espíritu de la francmasonería y sentimos la libertad del Espíritu Santo para romper las maldiciones que había sobre la líneas de trazo diagonal de la ciudad. Proclamamos que habría una nueva ciudad con Jesucristo como la piedra angular de La Plata. Luego nos colocamos en forma de cruz en el centro de la plaza sobre la piedra angular de la ciudad, levantando a Cristo por sobre la ciudad y restaurando la cruz, con el lado correcto hacia arriba, como símbolo de salvación por la ciudad de La Plata.

CONCLUSIÓN

Todavía tenemos muchos meses por delante en nuestro alcance evangelizador de La Plata. Creemos que los resultados serán todavía más grandes que en Resistencia. Al concluir este capítulo estamos en plena cruzada de evangelización a nivel de ciudad entera, con Carlos Annacondia, uno de los más poderosos evangelistas de Dios. Significativamente, la cruzada se está celebrando en el cuartel del ejército, exactamente al pie de la cruz invertida (que sería la cúspide de la cruz al derecho). Me regocijo en lo que está ocurriendo y en lo que va a ocurrir, y por el privilegio de hacer esta pequeña contribución a la extensión del reino de Dios mediante la cartografía espiritual.

—PREGUNTAS DE REFLEXIÓN—

1. Algunos encontrarán difícil creer que Víctor Lorenzo en realidad vio un ángel. ¿Piensa usted que esto es posible? ¿Conoce personalmente a alguien que haya visto un ángel?
2. Repase los seis principios que Lorenzo indica para la cartografía espiritual en la página 183. Dé una razón de su propia cosecha para cada principio.
3. La estrategia de Edgardo Silvoso para la evangelización a nivel de ciudad completa incorpora la guerra espiritual a nivel estratégico y la cartografía espiritual. ¿Sabe usted de alguna otra estrategia a nivel de ciudad, que haga esto?
4. Estudie el mapa de La Plata. Asegúrese de ubicar cada rasgo que describe Lorenzo. ¿Por qué diseñaría alguien una ciudad según modelos del ocultismo?
5. ¿Qué influencia tiene la francmasonería en su ciudad? ¿Cómo la percibe el público en general? ¿Cómo la percibe la comunidad cristiana?

Parte III
La aplicación

Cartografía y discernimiento en Seattle, Washington

OCHO

por Mark McGregor y Bev Klopp

MARK MCGREGOR ES PROGRAMADOR DE COMPU-
TADORAS, vive en Seattle, estado de Washington, y está tomando cursos en el centro
de extensión en Seattle del Seminario Teológico
Fuller.

Bev Klopp es fundadora de los Ministerios Gateway, que ayudan a las iglesias en la oración
estratégica, la guerra espiritual y la evangelización de sus ciudades. Intercesora reconocida,
Bev es miembro del equipo de intercesión que
sirve a la «Red de Guerra Espiritual y al Sendero
de Oración Unida del Movimiento del Año 2000
A.D. y Más Allá.»

SECCIÓN I:
CARTOGRAFÍA DE SEATTLE, MARK MCGREGOR

Este documento se basa en las 20 preguntas de las páginas 74 y 75 del libro *La reconquista de tu ciudad* de John Dawson.[1] El propósito de las veinte preguntas, de acuerdo a Dawson, es examinar la historia de una ciudad o país para ayudar a determinar dos cosas: (1) áreas de pecado pasado por el cual es necesario arrepentirse y pedir perdón; y (2) los dones redentores de la ciudad. ¿Por qué es esto importante?

Primero, Dawson sostiene que los pecados pasados de una ciudad o nación pueden abrir el área a las influencias y poderes espirituales demoníacos, los cuales pueden apoderarse del control sobre la ciudad y mantener a su población en esclavitud espiritual.

Segundo, Dawson sostiene que Dios le ha concedido a cada ciudad ciertos «dones» redentores, y que el enemigo procura pervertir estos dones para que la ciudad no produzca ningún fruto espiritual. Dawson cree que los líderes cristianos necesitan descubrir tanto los pecados pasados como los dones redentores de su ciudad, para poder romper los poderes que atan a la ciudad, y avanzar al medio ambiente verdaderamente espiritual que Dios quiso.

1. ¿Qué lugar tiene su ciudad en la historia de esta nación?

El territorio de Washington surgió cuando Inglaterra y los Estados Unidos finalmente decidieron resolver la cuestión de fronteras nacionales. Estados Unidos reclamó, y recibió, todo el territorio entre el paralelo 48 y el río Columbia, con la excepción de la isla Victoria. Los primeros colonos llegaron al área de Seattle a principios de 1850, emigrando de lo que era el territorio de Oregón. Las industrias iniciales fueron pieles y madera; las pieles de nutria iban a China y

---

1. John Dawson, *La reconquista de tu ciudad*, Editorial Betania, Miami, FL, 1991, pp. 74-75.

la madera a San Francisco, ésta última surgiendo explosivamente debido a la fiebre del oro.

La ciudad de Seattle empezó a crecer después de la Guerra Civil. No jugó parte alguna en la guerra, aun cuando por posición y ley no era un territorio esclavo. El crecimiento ocurrió a saltos y brincos, puesto que no había industria estable fuerte en la región. La fiebre de oro del río Fraser, y más tarde del Yukón, contribuyeron a que Seattle creciera, puesto que era el punto natural de escala para el viaje por la costa. Se convirtió, y todavía es, en el principal punto de tránsito entre Alaska y los 48 estados contiguos.

Seattle se desarrolló como ciudad industrial y centro de comercio, girando en torno del comercio marítimo tanto con Alaska como con el Lejano Oriente. La construcción de barcos y de aviones fueron dos industrias principales. Durante la Segunda Guerra Mundial Seattle fue una ciudad importante en el aspecto bélico debido a su ubicación estratégica en la costa del Pacífico, y debido al impacto de la Corporación Boeing. Este período de tiempo probablemente fue el más significativo en la historia moderna de Seattle.

Es importante examinar la historia de una ciudad o país para ayudarnos a determinar (1) áreas de pecado pasado por el cual es necesario arrepentirse y pedir perdón, y (2) los dones redentores de la ciudad o país.

---

2. ¿Hubo alguna vez imposición de una nueva cultura o lenguaje mediante la conquista?

Sí, aun cuando conquista tal vez no sea el mejor término para describir los acontecimientos.

Cuando los blancos llegaron por primera vez a la región, las tribus indígenas pertenecían al grupo de lenguajes de «salish costeños», y tenían una cultura caracterizada por la cacería y el acopio, el cual giraba alrededor de la pesca del salmón. Junto con los blancos llegó la influencia de las culturas española, francesa, inglesa, rusa y estadounidense. Un lenguaje intermedio, el «chinuk» se desarrolló, que era una combinación de salish, francés e inglés. Muchos indios, incluyendo el Jefe Seattle, detestaban este lenguaje, pero los blancos esencialmente rehusaron aprender el salish, y por lo general sólo se comunicaban en inglés o, quizás, en chinuk.

La llegada de la cultura del blanco también significó el principio de la extinción de la cultura india, tanto como la exterminación de muchas tribus. Las enfermedades mataron a millares de indios. La pesca como un medio de vida fue reemplazada por la explotación de la madera, la construcción u otras formas de labor manual. Se introdujeron las bebidas alcohólicas entre los indios. La vida comunitaria en la alargada casa de madera, desapareció. En muchas áreas la cultura fue desarraigada al punto de que los antropólogos y sociólogos de hoy tienen grandes dificultades en sus esfuerzos por reconstruir el estilo de vida original de las tribus. La tribu duwamish, por ejemplo, estaba ubicada en casi la misma el área en que Seattle fue establecida en sus vírgenes. Su cultura fue exterminada por completo. No recibieron ninguna tierra, y actualmente ya ni siquiera existen como una unidad tribal distintiva.

Esta imposición del lenguaje y la cultura todavía encuentra resistencia en muchas maneras. Los indios todavía viven en reservaciones, y han tratado de recuperar su herencia cultural. Los conflictos siguen vigentes en cuanto a los derechos de los indios para cazar o pescar en la misma manera que sus antepasados. Un área de fuerte conflicto es el derecho de los indios para pescar salmón con redes en el océano y en los arroyos que rodean el área de Seattle. Algunas tribus están intentando establecer nuevamente sus festivales paganos honrando al dios salmón, que era la figura central en muchas ceremonias religiosas.

3. ¿Cuáles eran las prácticas religiosas de los antiguos pobladores de Seattle?

El grupo de indios salish es el extremo más sureño de las llamadas «tribus tótem». Sus prácticas y creencias religiosas son similares a las prácticas de la mayoría de grupos nativos a lo largo de toda la costa de Alaska. El líder religioso de la comunidad era el shamán, el cual se consideraba que tenía grandes poderes en las áreas de bendición, maldición y sanidad. La posición del shamán era validada por un encuentro inicial con un espíritu guía, cuya identidad se mantenía en secreto. Había shamanes varones y shamanes mujeres, y el poder no se transmitía necesariamente de un familiar a otro. La clave y la característica que validaba al shamán era el encuentro inicial con el espíritu.

Este encuentro no se limitaba al shamán. Personas «ordinarias» también buscaban un espíritu guía para que les ayudara en la vida. A menudo el espíritu guía los dirigía a una vocación especial, tal como por ejemplo construir embarcaciones. Se daba por sentado que la mayoría de artesanos hábiles tenían un espíritu guía. El espíritu guía generalmente aparecía en forma de un animal. Un ejemplo es el del tallador de madera, cuyo espíritu guía aparecía en forma de un pájaro carpintero. En dondequiera que la persona oía el repiquetear del picamaderos, percibía que el espíritu rondaba cerca y estaba vigilando su trabajo.

Casi siempre se encontraba al espíritu guía mediante un período de oración y ayuno. Las personas se purificaban ceremonialmente, se privaban de alimento, y buscaban un encuentro con el mundo de los espíritus. A menudo entraban en un estado como de trance, en el cual se encontraban con su espíritu guía.

Se concebía a los dioses salish como impersonales en alguna medida, y alejados. Mucho de los beneficios que han sido dados a los seres humanos (tales como el fuego, las herramientas, y cosas por el estilo) provinieron del embaucador, a quien se lo representa bien sea como un cuervo o como un coyote. El embaucador le da a la gente cosas que no se supone que deben tener. Dios no es necesariamente amigable, sino un engañador.

La ceremonia religiosa principal del año giraba alrededor del regreso del salmón. Los indios tenían gran respeto por el salmón, puesto que era una de sus principales fuentes alimenticias. El primer salmón era llevado ceremonialmente de regreso a la aldea, y allí, mediante un rito especial, se daba gracias a los espíritus por el regreso de los peces.

Otro acto ceremonial, que no era muy religioso pero sí extremadamente importante, era el «potlach». Durante el potlach el anfitrión daba una gran fiesta para los invitados, con gran banquete y obsequio de regalos en abundancia. Este acto ceremonial era confirmado por los regalos. Dos razones principales para el potlach eran: (1) glorificación propia, el anfitrión demostraba la riqueza y posición de su familia; y (2) la necesidad de retribuir los regalos. Los regalos de retribución eran el «señuelo» del potlach. Para quedar bien y mantener la gloria familiar los invitados ofrecían una fiesta similar y daban regalos mejores y más grandes. Debido a esto los ricos se enriquecían más, y los pobres empobrecían más. En otra forma de potlach, en lugar de darse regalos, el anfitrión destruía sus posesiones para demostrar su grandeza. En lugar de construir la persona destruía. Esta destrucción podía incluir hasta matar o mutilar esclavos.

Un área final de práctica religiosa se relacionaba con los muertos. Se temían grandemente a los espíritus de los antepasados. Las tribus eran muy cuidadosas al sepultar y honrar a los muertos, a fin de que sus espíritus no regresaran a atormentar a la tribu. Se creía que mencionar el nombre de un muerto le produciría «intranquilidad» en la tumba. Por consiguiente, puede haberse considerado una gran amenaza al Jefe Seattle que se nombraba la ciudad por su nombre, debido a que cada vez que se pronunciaba su nombre le afectaría en la vida del más allá. A menudo los sepulcros se adornaban con imágenes talladas y fetiches, que en mi opinión se ven feroces y horripilantes.

4. ¿Hubo un tiempo cuando emergió una nueva religión?

No, hasta donde puedo decir. Los antropólogos especulan que el shamanismo vino de Asia, y fue la forma dominante de la religión indígena hasta la llegada del cristianismo.

5. ¿Bajo qué circunstancias entró el evangelio en la ciudad por primera vez?

En 1852 el obispo Demers celebró la primera ceremonia religiosa en la población, y casi todo el mundo asistió. En el mismo año el reverendo Benjamin Close, un metodista, celebró los primeros cultos protestantes en una colonia en Seattle. El reverendo Demers estaba de paso a Font Victoria, y Close vivía en Olimpia, y por lo tanto estos servicios religiosos fueron simplemente cultos de visita.

El primer ministro residente a tiempo completo llegó en el otoño de 1853. El reverendo David Blaine y su esposa Katherine establecieron la primera iglesia, una congregación metodista episcopal. Fueron bienvenidos y auspiciados por Arthur Denny, quien les proveyó de su primera casa, y quien, junto con su esposa, formaban los dos tercios de la congregación inicial. Esta fue la única iglesia en el área por más de 10 años.

Los Blaine no dejaron ninguna impresión profunda o duradera en Seattle. Según las normas de los Estados Unidos del este Seattle no era una comunidad religiosa. Un problema claro con el reverendo Blaine fue su actitud hacia la población indígena. En una carta que escribió a su ciudad de origen básicamente dice que los indios están más allá de toda posibilidad de ayuda debido a: (1) la barrera del lenguaje, (2) su conducta pecaminosa, y (3) su contexto social.

Desde principios de 1856 hasta fines de 1860 Seattle no tuvo ningún ministro residente. Se celebraban los cultos en la iglesia metodista una vez cada trimestre. A fines de 1860 llegó desde Oregón el reverendo Daniel Bagley. Se dedicaba a establecer iglesias, y había establecido ya 20 iglesias en los estados de Oregón y Washington. Bagley llegó a ser uno de los principales en la segunda generación de fundadores de la ciudad, y fue instrumental para lograr que se comenzara la primera universidad en Seattle (posteriormente Universidad de Washington). También era un francmasón, igual que muchos otros de los fundadores de la ciudad.

Otros ministros empezaron a llegar en 1965, cuando los episcopales de Olimpia llegaron a la población y empezaron una congregación. Los presbiterianos llegaron en 1866 en la persona del reverendo George Withworth, quien también llegó a ser un líder industrial, lo mismo que el reverendo Bagley. En esa etapa inicial las iglesias trabajaban bien y en unión, dos iglesias y cuatro pastores representaban cuatro denominaciones. De modo que dos pastores trabajaban en cada iglesia, y se alternaban las responsabilidades de predicar, sin tener básicamente problemas. Los católicos llegaron en 1867, los congregacionalistas y bautistas en 1869. El ministro bautista fue el reverendo Edward Hanford, quien fue uno de los grandes líderes espirituales a principios de Seattle.

El Jefe Seattle, el famoso líder indio, en su discurso en la firma del tratado, probablemente articuló en la mejor manera la posición de los indios con respecto al «Dios del hombre blanco». Parte de su discurso fue: «¡El Dios de ustedes no es nuestro Dios! El Dios de ustedes ama a la gente de ustedes, y aborrece a la mía. Él extiende sus brazos protectores amorosamente sobre el cara pálida... pero se ha olvidado de sus hijos sonrosados, si es que realmente son suyos. Nuestro Dios, el Gran Espíritu, parece que también nos ha olvidado». Si algo expresa claramente el Jefe Seattle, es la incapacidad de la iglesia para presentar un cuadro verdadero de Dios. Desafortunadamente, lo que el indio vio fue el Dios del hombre blanco avariento, homicida y ladrón. Vieron la invasión de los blancos como un conflicto de poder espiritual, en el cual el Gran Espíritu había perdido.

6. ¿Alguna vez se ha desintegrado el gobierno nacional o de la ciudad?

Sí, en cierta manera. El gobierno de la ciudad al principio fue extremadamente corrupto. Henry Yesler, prominente dueño de un aserradero, estuvo en una posición importante de autoridad por muchos de los primeros años, y usó su influencia para acumular riqueza para sí mismo a expensas de la ciudad. Esta corrupción temprana exigió que la ciudad básicamente empezara de nuevo después de que Yesler fue depuesto de su posición de autoridad. Las tácticas de desfalco de Yesler habían llevado varias veces a la ciudad al borde de la bancarrota.

7. ¿Cuál ha sido el estilo de liderazgo de los gobiernos pasados?

El estilo de gobierno de Seattle casi siempre se ha enfocado alrededor de la filosofía de negocios. En muchas maneras el comercio ha gobernado al gobierno, con muy poca regulación para el comercio. Como ya se mencionó previamente, Henry Yesler por muchos años tuvo la posición de autoridad en el gobierno de Seattle. En esa posición no era ni honrado ni justo. Favorecía al comercio por sobre las personas, y a su propio negocio por sobre todos los demás. Si alguien le proponía algo que podía beneficiar a alguien más que no fuera él mismo, con frecuencia vetaba el proyecto o desviaba los fondos hacia otros usos. Yesler es el primer epítome de la riqueza y holgura pervirtiendo la justicia, la equidad y la preocupación por las personas.

El período entre 1900 y 1920 fue un tiempo clave para la formación de la ciudad de Seattle. Se sometió a votación la decisión de si cerrar la ciudad de Seattle al juego, las bebidas alcohólicas y las casas de prostitución. La votación se inclinó a un lado y al otro varias veces, pero a la larga Seattle siguió siendo una ciudad abierta, aun cuando no tanto como lo había sido durante la fiebre de oro del Yukón. En ese tiempo el gobierno y la fuerza policial estaban plagados con corrupción y soborno.

8. ¿Han habido alguna vez guerras que afectaron a la ciudad?

El efecto primario en Seattle de la guerra ha sido prosperidad económica. En muchas maneras las dos guerras mundiales han contribuido a la prosperidad de las industrias de construcción de barcos, aviones, la manufactura y la industria naviera.

9. ¿Fue la ciudad misma el sitio de alguna batalla?

Una batalla menor con los indios ocurrió en 1856. La ciudad de Seattle fue puesta en alerta, y tuvo lugar una breve escaramuza. Dos residentes de la ciudad fueron muertos, y muchos más indios. Estos lanzaron el ataque debido a que el hombre blanco había roto las promesas del tratado. Los historiadores creen que Seattle sobrevivió a esta batalla solamente debido a que los indios fueron demasiado lentos en su ataque, permitiendo que la ciudad enviara a buscar ayuda. Esta llegó en la forma de un cañonero de la armada, que bombardeó a los indios y causó la mayoría de las bajas entre ellos.

10. ¿Qué nombres se han usado para denominar a la ciudad, y qué significan?

La ciudad esmeralda. Esto se entiende mejor al referirse al medio ambiente de Seattle. La ciudad tiene abundancia de árboles siempre verdes, al igual que lagos y montañas que la rodean. El nombre refleja este aspecto lozano y exuberante de Seattle; sin embargo, el título también puede representar la riqueza y opulencia del área.

11. ¿Por qué se fundó originalmente la ciudad?

Al parecer los indios se establecieron en Seattle debido a la riqueza de los recursos naturales y el clima. Aun cuando el cielo está con frecuencia nublado, la temperatura muy rara vez pasa por debajo del punto de congelación por períodos prolongados durante el invierno, además la nieve es infrecuente y suave.

Los blancos vinieron con el propósito de ganar dinero mediante el comercio. Los primeros comerciantes vinieron en ruta a China, y comerciaban con pieles de nutrias marinas. Descubrieron que podían hacer una fortuna vendiendo pieles de nutria en China. Las primeras poblaciones que se establecieron se dedicaron a comerciar con los indios para obtener pieles de nutria y luego llevarlas a China. Esto duró un tiempo relativamente corto, puesto que se persiguió a las nutrias casi al punto de extinción.

Arthur Dennis y su grupo (los fundadores) vinieron buscando un lugar para establecer un puerto desde donde pudieran operar las rutas de comercio con el Lejano Oriente. Eran comerciantes en busca de un lugar propicio para ganar dinero. Hallaron tal lugar en una islita pantanosa con una bahía de aguas profundas e inmediato acceso a la madera y otros recursos naturales. Mucho de su comercio original, sin embargo, fue con San Francisco, que fue la población principal en la fiebre de oro que invadió a California. Seattle era un punto listo para la explotación y el embarque de madera, la cual San Francisco necesitaba desesperadamente.

Los que llegaron más tarde por lo general vinieron con la idea de enriquecerse. La ciudad estaba compuesta principalmente por gente de clase media. Muchos, en efecto, se enriquecieron, y así la clase alta era pura clase media en sus raíces. Las oportunidades para el comercio abundaban en la madera, la manufactura y la agricultura. La ciudad creció a un ritmo asombroso hasta 1920, cuando el crecimiento se niveló hasta los años explosivos de la Segunda Guerra Mundial.

12. ¿Tuvo la ciudad un fundador? ¿Cuál fue su sueño?
Seattle fue fundada por Arthur Denny, Carson Boren y William Bell. Este grupo localizó el canal de aguas profundas y seleccionó la ubicación original de la población. Charles Terry originalmente escogió establecerse al otro lado de la bahía, en Alki, pero pronto vendió una porción de la tierra, y se mudó a Seattle.

El sueño de Arthur Denny fue establecer un hogar seguro para su familia. Se preocupaba por edificar una comunidad sólida para el futuro. Su preocupación primaria no era enriquecerse, sino tener una comunidad sólida con una base en el comercio y una población fuerte. Denny fue un hombre de gran integridad y honradez, y era bien respetado en la comunidad. Ni en su negocio ni en su tierra permitía alcohol. Fue un factor principal para el establecimiento de las escuelas (incluyendo la Universidad de Washington), tanto como de la primera iglesia. Toda la gente, incluyendo los indios, lo consideraba como hombre de palabra. Sin embargo, es interesante notar que nadie escribe respecto a Denny. Se respetaba, era honrado y recto, pero no muy bien recibido.

Sin embargo, también debe mencionarse un fuerte rasgo negativo de Denny, el que, creo se refleja hoy en Seattle. Denny, con todos sus valores e integridad, parece haber sido básicamente un hombre inactivo respecto a cuestiones morales. Hasta donde puedo ver, nunca adoptó ninguna posición firme en contra de los males morales que con regularidad ocurrían a su alrededor. Básicamente se preocupaba de sus propios asuntos. Esta actitud parece haber permeado la ciudad en ese día, y continúa todavía hoy.

13. Conforme surgían los líderes políticos, militares y religiosos, ¿qué soñaron para sí mismos y para la ciudad?

Una importante visión fue la ciudad utópica para la clase media alta. Esto fue evidente en la división de Seattle y la reconstrucción y la expansión de la ciudad después del incendio de 1889. Casi desde el principio Seattle estuvo dividida en las secciones buena y mala. La mala estaba ubicada al sur de la Carretera Skid, y allí vivían los borrachos, los pobres, los hambrientos, los marginados y las minorías. Era hogar de ladrones, alcahuetes y prostitutas. La gente «respetable» vivía en el sector bueno de la ciudad.

La gente que ostentaba el poder político casi siempre apoyaban a la gente «buena», los comerciantes de la clase media alta. El diseño de la ciudad al principio, y su expansión, se concentró en procurar mejorar la vida y las condiciones de este sector de la población. Los tranvías corrían en los buenos sectores de la ciudad. Se planeaban parques, se alisaban y mejoraban las calles. Pero los que se beneficiaban de estas mejoras eran los de la clase media alta.

14. ¿Cuáles instituciones políticas, económicas y religiosas han dominado la vida de la ciudad?

Grupos políticos, comerciantes y grupos de mente liberal han ostentado la mayoría del dominio sobre Seattle. Hubo un breve período de las leyes azules (i.e, rectitud) a principios de los 1900, mayormente en un esfuerzo por limpiar el área de la Carretera Skid, pero la mayoría las ignoró y a la larga las repudió.

Los sindicatos han tenido una fuerte influencia desde la década de los treinta, y varias huelgas importantes han tenido lugar a través de los años. Los sindicatos de trabajadores y el gobierno fuertemente orientado hacia el comercio han tendido a producir conflicto con el tiempo. El comercio ha tenido la tendencia de explotar al trabajador, y los sindicatos han hecho daño a los negocios mediante huelgas, contratos antiminoritarios y cosas por el estilo. Los sindicatos también han estado sujetos a considerable abuso de parte de sus líderes, vicios tanto como soborno y corrupción.

El dominio económico ha cambiado con el correr del tiempo. La base económica original era la explotación de madera, siendo el aserradero de Yesler el pionero en esta área. En algunas maneras esto continúa actualmente; la empresa maderera Weyerhaeuse está ubicada cerca de Seattle y emplea aproximadamente 40,000 trabajadores.

El transporte y el comercio marítimo han sido y son una de las industrias principales. Mucho de este comercio ha sido con el Lejano Oriente y Alaska. Seattle es un punto de escala principal para la mayoría del comercio con Alaska, y esto ha sido muy importante, especialmente durante la fiebre de oro de Alaska. Hoy, cerca del 17 por ciento de todos los empleos están vinculados con el comercio de exportación e importación.

La mayor fuerza económica, sin embargo, es la Corporación Boeing. Esta empresa provee aproximadamente 100,000 empleos en una variedad de industrias, la mayoría en el campo aeroespacial. La economía de Seattle está fuertemente ligada a la empresa Boeing, y parece seguir la suerte de ésta. Tal vez un área de preocupación aquí es la confianza en Boeing en lugar de Dios.

En el campo de la religión ninguna institución se ha elevado a una posición dominante. Sin embargo, debe mencionarse a los francmasones. La francmasonería ha estado presente en Seattle desde sus comienzos. Varios de sus primeros líderes, tanto en el comercio como en la iglesia, fueron francmasones, incluyendo Doc Maynard y el reverendo Daniel Bagley. Bagley fue masón toda su vida, y había adquirido el nivel de Arco Real de la Masonería antes de mudarse a Seattle. Allí fue elegido Gran Maestro de la primera logia al año siguiente después de que ésta fue fundada.

15. ¿Cuál ha sido la experiencia de los inmigrantes en la ciudad?

Por lo general la experiencia ha sido buena. Los padres fundadores de Seattle aceptaron pronto a la gente nueva, y nunca ha aflorado ninguna mentalidad antiirlandés ni antijudía, debido a dos factores: (1) pocos grupos numerosos de inmigrantes se han establecido en Seattle (excepto escandinavos en Ballard); (2) la mayoría, si no todos, de los inmigrantes tienden a acabar en los tugurios, los cuales han sido parte de la ciudad desde la década de 1880. A fines de esa década tal vez apareció un deseo de detener el flujo de inmigrante de China, que tal vez tenga alguna significación espiritual.

16. ¿Ha habido alguna experiencia traumática, tal como un colapso económico, motines raciales o terremotos?

La economía de Seattle al principio estaba ligada a San Francisco. Cuando San Francisco decayó después de la fiebre del oro, también Seattle. Un colapso importante de la economía ocurrió en la década de 1880, que básicamente destruyó los bancos de Tacoma. Los de Seattle sobrevivieron, sin embargo, juntando recursos. Posteriores sustos económicos han estado casi siempre ligados a los despidos por parte de la empresa Boeing, sobre todo a principios de la década de los setenta.

Motines raciales (en lo que se refiere a los suscitados por grupos no blancos) ocurrieron en 1968, cuando la población negra atravesaba un tiempo de severa transición. Había en las calles pandillas que se llamaban «Negros» y «Blancos», y con frecuencia conflicto entre ellas.

En 1889 hubo grandes incendios en Seattle, Spokane y Ellensburg. En cada lugar virtualmente el distrito comercial quedó destruido. Seattle y Spokane se recuperaron, mientras que Ellensburg no. El centro de Seattle obtuvo mucho de su apariencia actual después de ese incendio.

Hallé que se han registrado dos terremotos de magnitud significativa. En abril de 1949 y 1965 hubo terremotos que estremecieron a Seattle. El último tuvo una magnitud de 7.0.

En 1980 el monte Santa Elena, que está relativamente cerca a Seattle, tuvo una erupción volcánica de grandes proporciones que le quitó la cima completa a la montaña. Esto atrajo la atención masiva sobre Seattle.

17. ¿Ha experimentado alguna vez la ciudad el nacimiento de alguna tecnología socialmente transformadora?

Posiblemente. Aun cuando los aeroplanos no fueron inventados en Seattle, los progresos hechos por Boeing en la industria aeroespacial pueden considerarse como transformadores socialmente.

18. ¿Ha habido alguna vez la oportunidad de crear riqueza como por ejemplo el descubrimiento de petróleo y una nueva técnica de irrigación?

Sin lugar a duda. Sin embargo, estas oportunidades casi siempre están relacionadas al comercio.

La primera oportunidad de Seattle tuvo lugar con San Francisco, que necesitaba madera. Una segunda oportunidad vino con las fiebres de oro de Alaska y del río Fraser. Los mineros que se dirigían al norte generalmente pasaban por Seattle, tanto al ir como al venir, y en el proceso gastaban grandes cantidades de dinero.

19. ¿Ha habido alguna vez conflicto religioso entre religiones en competencia o entre cristianos?
Hasta el momento no encuentro tal conflicto. Las primeras iglesias eran a menudo multidenominacionales. En cierto punto Seattle tenía cuatro ministros de diferentes denominaciones, y solamente dos iglesias. Resolvieron la cuestión al repartirse las tareas en lugar de construir más iglesias.

20. ¿Cuál es la historia de las relaciones entre las razas?
Horripilante. Esta es un área de grandes problemas en la ciudad de Seattle, y necesita mucho arrepentimiento y oración. En su mayor parte, hasta las postrimerías de los años 1900 la mayoría de los grupos minoritarios se han concentrado en el distrito internacional o en los tugurios al sur de lo que se conocía como la Carretera Skid. Es importante comprender la historia de esa región. Fue el área en donde se edificaron los primeros burdeles y cantinas. Esta fue la sección de la ciudad en donde era rampante el juego, la embriaguez y la prostitución. Y era el área en donde las leyes tácitas de la sociedad de Seattle esperaban que los grupos minoritarios vivieran.

Indios

Antes de la llegada de los blancos los indios tenían guerras frecuentes y se atacaban unos a otros. El propósito de estas guerras era capturar esclavos, que eran símbolo de riqueza y status. Esencialmente los esclavos no tenían ningún derecho. El dueño podía usarlos como prostitutas, matarlos, mutilarlos, o hacer con ellos cualquier cosa que quisiera. Las tribus más feroces tendían a ubicarse al norte, en Columbia Británica. Los indios locales vivían atemorizados de estos grupos que con frecuencia venían a sus territorios en misiones de ataque.

Cuando llegaron los blancos, comenzaron de inmediato a explotar a los indios (con excepción de los curas jesuitas).

Inicialmente comerciaban con pieles, y luego cuando se fundó Seattle empezaron a usar a los indios como fuente de mano de obra. Por supuesto que se les pagaba, pero era mucho menos que lo que se le hubiera pagado a un blanco. Estos, con toda intención y propósito, se apoderaron de toda la tierra que quisieron, y pusieron a los indios en reservaciones «para su propio bien». Les prometieron a los indios un lugar para vivir, educación, ayuda para establecer negocios, asistencia médica, derechos de pesca y todo lo demás. Los blancos jamás cumplieron con estos términos, y aun hasta el presente no los han cumplido.

A la mujer esclava india se la trataba muy mal. Los indios tenían ya normas sexuales muy flojas, y los hombres blancos encontraron muy pocos problemas para explotar sexualmente a las mujeres indígenas. John Pennell vino de San Francisco al área de Seattle en 1861, y estableció los principios de la sección de la Carretera Skid en Seattle. Estableció cantinas y burdeles para atender a la numerosa población de solteros que tenían dinero para gastar y querían compañía femenina y diversión. Sus «trabajadoras» eras mujeres indias (hasta que en 1870 llegaron algunas prostitutas profesionales de San Francisco) que eran esclavas compradas de las tribus locales, o mujeres atraídas al área seduciéndolas con la promesa de un lugar donde vivir, tener comida y vestido. Lo que encontraron fue una vida de prostitución, explotación y abuso. Muy poco, si acaso, se hizo para detener los establecimientos de Pennell.

A los indios también se les negó la justicia. Cuando Bad Jim [Jaime Malo], un indio, fue linchado, se enjuició a los blancos que lo lincharon. Uno de los linchadores a quien se seguía juicio formaba parte del jurado que lo juzgaba (dejó su sitio cuando lo declararon convicto). Cuando un blanco se declaraba culpable, la corte rápidamente designaba un abogado para que declarara inocencia. Después de un breve «juicio» todos los blancos fueron absueltos de un crimen por el cual eran claramente culpables. Por otro lado, cuando se traía a juicio a un indio, casi siempre lo linchaban y lo encontraban culpable, sin importar la evidencia. El Jefe

Lesqui fue enjuiciado y ahorcado por homicidio basándose en evidencia marginal, a pesar de que sus muchos amigos (incluyendo Doc Maynard) arguyeron su inocencia.

Afroamericanos

Los afroamericanos tienen una relación interesante en Seattle. Seattle empezó a crecer después de la Guerra Civil, y por ley era un territorio antiesclavitud, de modo que la esclavitud nunca fue problema. Seattle era antiesclavitud, sin embargo era también antiesclavos, puesto que los negros no eran bien recibidos y se les concedía muy pocos derechos. Seattle era una ciudad «blanca». Los negros que vinieron hallaron que en realidad podían vivir sólo en un área, la de los tugurios al sur de la carretera Skid, el gueto de Seattle. Conforme pasaba el tiempo recibieron muy pocos derechos en la ciudad. Los contratos sindicales excluían a los negros hasta que las cortes rompieron esto en la década de los cuarenta.

Chinos

Los chinos enfrentaron su tiempo de ultraje en las postrimerías de la década de 1880. Originalmente se los importó como mano de obra barata, para construir las vías férreas y realizar otras tareas peligrosas o deshonrosas. Después de que las vías férreas fueron construidas los chinos empezaron a mudarse a las ciudades establecidas, incluyendo Seattle, en donde se establecieron en los tugurios de la Carretera Skid. Muchos blancos percibieron esto como una amenaza para sus empleos, y decidieron hacer algo respecto a los trabajadores chinos. Después de semanas de reuniones de agitación, las multitudes decidieron actuar. Reunieron a los chinos y empezaron a embarcarlos en un vapor hacia San Francisco. Entonces intervino un juez y detuvo el asunto, y a la larga las cosas se apaciguaron.

Lo que horroriza es la gente que estuvo involucrada o no, en la expulsión de los chinos de Seattle. Solamente una iglesia, la metodista episcopal, elevó su voz con una declaración oponiéndose al movimiento antichino. A la larga la corte decretó que los chinos no podían ser expulsados, pero cientos dejaron el área, principalmente debido al temor.

SECCIÓN II:
DISCERNIR A SEATTLE, BEV KLOPP

Aprecio grandemente la investigación realizada por Mark McGregor para colocar los cimientos para la cartografía espiritual de Seattle. Muchos de los datos que el ha descubierto darán futura dirección a los intercesores por todo Seattle, al continuar éstos orando por nuestra querida ciudad.

Antes de la investigación hecha por Mark, algunos de nosotros ya habíamos estado intercediendo por Ciudad Esmeralda. Me alegro de informar que el número de creyentes humildes llamados por Dios para entrar de lleno en la batalla espiritual por Seattle y el Noroeste Pacífico está creciendo rápidamente. Para ver el reino de Dios derramado sobre Seattle necesitamos más intercesores, y necesitamos más información respecto a nuestra ciudad y nuestra región. Esta combinación nos proveerá un cuadro más claro de lo que Seattle realmente es, no como parece ser, para usar las palabras de George Otis, hijo.

Los pensamientos que expongo aquí emergen de incontables horas de oración, a menudo agonizante y con el corazón destrozado, por nuestra ciudad. Me doy cuenta de que no tengo respuestas definitivas para todos los poderes espirituales de maldad que procuran mantener a Seattle en esclavitud, de modo que lo que expongo debe ser visto como que procede de un pueblo en proceso. Al mismo tiempo, no puedo ocultar el hecho de que creemos que se está logrando progreso espiritual.

ORACIONES REDENTORAS

Como líderes e intercesores hemos sido guiados por el Señor para tomar la clase de investigación histórica que

Mark McGregor ha realizado, e intentar traducirla en oraciones redentoras, guerra espiritual eficaz, y alcance restaurador que derribará fortalezas. Nos anima ver algunos resultados en el avivamiento de la iglesia y la salvación de los
perdidos. Hemos clamado en base 2 Crónicas 7.4-16 para
unirnos en oración y arrepentimiento. Como Elías, creemos
que vemos la pequeña nube de la presencia de Dios prepa-
rándose para enviar un gran derramamiento del Espíritu
Santo a escala de toda el área.

Como la ciudad más grande en el estado de Washington,
Seattle es en muchos sentidos una frontera moderna y
pagana independiente, en donde se evidencia toda adoración falsa posible a la Deidad y toda perversión del amor
del Padre. El maestro del engaño ha mantenido por largo
tiempo a Seattle y al Noroeste del Pacífico oprimidos bajo
las tinieblas espirituales, pero ahora tiembla, expuesto ante
el puro de corazón que está dispuesto valiente y sacrificial-
mente a obedecer a Dios. En esta hora creo que el Señor está
con su pie sobre el estado de Washington, listo para exhibir
su poder en gloriosos actos de compasión.

El estado de Washington es conocido como el estado con
menos iglesias de toda la nación, tanto como uno de los tres
centros mundiales principales del movimiento de la Nueva
Era. Hace menos de un año Washington fue el centro de
atención nacional al someter a votación popular dos importantes cuestiones, una fortaleciendo los derechos del aborto, y otra por la eutanasia. Muchos en los medios masivos
de comunicación nacional ven a este estado como la fuerza
líder en estas dos áreas. También, a Seattle muchos la
consideran como una de las ciudades más liberales en los
Estados Unidos. Tiene una de las comunidades homosexuales más numerosas en la costa oeste.

Como Marcos McGregor indica, las vidas de los primeros
habitantes, los indios de norteamérica, y los líderes que
fundaron Seattle, reflejan vínculos impíos que a menudo se
pueden rastrear a sus raíces paganas y alianzas diabólicas
con el enemigo. Por ejemplo, los indios estadounidenses

provienen de una herencia mongólica procedente de Siberia y del Lejano Oriente, y tienen prácticas muy profundas de shamanismo y adoración impía.

En el pasado muchas de las tribus indias del noroeste se aliaban con los poderes de las tinieblas mediante el contacto con los espíritus de los antepasados. Realizaban ritos personales para inducir a los espíritus guías a que los ayudaran a obtener riqueza y esclavos, tanto como éxito en la guerra, en la cacería, en la pesca, y para curar enfermedades.

Muchas de estas preciosas personas fueron empujadas más hondo en sus raíces de shamanismo debido a las penalidades, el zaqueo de parte de otras tribus, y la explotación y desilusión que vino como resultado de los primeros habitantes blancos que llegaron a la región. Esto se refleja en el discurso del Jefe Seattle: «El Dios de ustedes ama a la gente de ustedes... Él se ha olvidado de sus hijos sonrosados, si acaso son realmente hijos suyos».

Es cierto, como lo dice Mark McGregor, que el famoso discurso del Jefe Seattle expresaba su desesperanza porque el Dios de los blancos parecía no amar a los indios. ¿De qué otra manera podía él interpretar la codicia, el homicidio y el ultraje e injusticia de muchos de los primeros colonos? Pero el Jefe Seattle también dijo que los «muertos invisibles» de su tribu permanecerían. Dijo, en el mismo discurso, «Nuestra religión son las tradiciones de nuestros antepasados, los sueños de nuestros ancianos, dados... por el Gran Espíritu... Por las noches... cuando las calles de sus ciudades... estén en silencio... estarán atestadas con las huestes que regresan».

Los blancos no pecaron solamente contra los indios nativos. McGregor destaca que abusos similares se registraron en contra de los asiáticos y negros, a través de la mano de obra barata, actos ilegales y otras injusticias. Pecados de reacción y de venganza de unos contra los otros, en lugar de perdón y arrepentimiento, establecieron el escenario para más fortalezas.

LA IGLESIA IMPOTENTE

Lamentablemente la iglesia no ha podido romper las fortalezas con el mensaje del amor de Dios, en parte debido a sus propias concepciones equivocadas, mundanalidad, componendas e indiferencia. Como resultado, las mentiras del enemigo han sido reforzadas, estableciendo nuevas «fortalezas del entendimiento» como lo diría Cindy Jacobs, de uno contra el otro y contra el verdadero conocimiento de las verdades libertadoras de Dios. Divisiones más grandes han resultado, y los poderes diabólicos detrás de todo esto han quedado, en su mayoría, sin ser sacados a la luz. Por ejemplo, las naciones indígenas en esta área están separadas y aisladas, desesperanzadas en sus reservaciones por todo el estado, mientras que los ricos y los poderosos continúan en sus «reinos» en la ciudad con sus dioses de materialismo, hedonismo, racionalismo e intelectualismo.

Estamos percibiendo que la ceguera de Satanás permanece hoy sobre las mentes de los incrédulos. Parece haber un «hechizo soporífero» cautivando las mentes tanto de creyentes como de incrédulos mediante engaño y seducción religiosa, la apatía, la desunión y la separación. Parece indicar que las fuerzas del diablo mencionadas en Efesios 6 tienen derechos establecidos como resultados de estos patrones bien atrincherados de pecado y alianzas impías con el enemigo.

Tales alianzas le han dado al enemigo un poder que no merece, además de acceso a Washington y a sus pobladores. Esto puede verse en la continuación de las iniquidades generacionales, el aumento del movimiento de la Nueva Era, ritos satánicos, y leyes injustas, así como festivales y pactos personales. En el pasado esto fue ilustrado por tratados injustos respecto a la tierra, acuerdos rotos entre los indios estadounidenses y los primeros colonos, injusticias sociales contra los grupos minoritarios, y la eliminación de la oración en las escuelas. Estos acuerdos son decretos espirituales de derechos, permitiendo al enemigo que mantenga un atrincheramiento continuo de fortalezas.

Hoy, los líderes en esta área están llegando a darse cuenta y a estar alerta al conocimiento y unidad espiritual que se necesita para derribar tales fortalezas.

¿DEBEMOS NOMBRAR LOS PODERES?

Nos damos cuenta de que no todos concordamos en que debemos hurgar con suficiente profundidad en nuestra intercesión para conocer los nombres propios de los principados y potestades sobre una ciudad como Seattle. No insisto en que para la guerra espiritual eficaz es esencial conocer los nombres (pero véase Marcos 5.9; Lucas 8.30). Peter Wagner ha tratado esto en su libro *Oración de Guerra*, y concuerdo con su conclusión: «Aun cuando no siempre es necesario nombrar a las potestades, si se puede saber esos nombres, sean funcionales o propios, usualmente es útil para enfocar la oración de guerra».[2] No quiero ser dogmático en cuanto a esto, pero muchos de nosotros que hemos estado tratando en la intercesión por la ciudad sentimos que concordamos en algunas de las identidades de los principados más importantes. La mayoría de los espíritus son nombrados específicamente en las Escrituras.

Algunos de los nombres que he hallado han surgido en su relación a fortalezas particulares en esta área. A unos pocos los nombro por su «fruto», lo cual puede ayudarnos a conectar las potestades espirituales que controlan esta área: Apolión (Apocalipsis 9.11), el destructor, tiene su muerte y destrucción, su espíritu de adivinación y obras de Jezabel y su espíritu anticristo de engaño, rebelión, idolatría y codicia; Beelzebú (Mateo 12.24) o príncipe de los demonios, tiene su control y manipulaciones, falsificaciones religiosas de dones y doctrinas de demonios; Asmodeo (en el libro apócrifo de Tobías 3.8), tiene sus seducciones religiosas, codicia y perversiones sexuales; Belial (2 Corintios 6.15) tiene sus falsos profetas y pastores; y líderes impíos de maldad, injusticia y falsas

---

2. C. Peter Wagner, *Oración de guerra*, Editorial Betania, Miami, FL, 1993.

enseñanzas. Añadido a esto tenemos un espíritu indio llamado el «Gran Espíritu» en el Noroeste con su adoración de shamanismo y de los antepasados.

En adición sentimos que hay espíritus llamados Andrógino y el Dragón, el asesino de almas. Junto a ellos viene la destrucción de la gente, distorsiones del amor y de la verdad de Dios, violencia y ultraje sexual en contra de mujeres y niños, y perversiones de toda clase en los papeles del varón o la mujer, y en las relaciones. Todos están vinculados a la codicia, la pornografía, la hechicería, el racismo y los espíritus religiosos. También pensamos que hemos identificado un espíritu regional en el Monte Rainiero, que por mucho tiempo ha sido adorado como el dios «altísimo» por medio de avenidas de adoración a Satanás, la adoración a la diosa y a la madre tierra, shamanismo y actividades de la Nueva Era. Finalmente, estamos tratando con un concepto guerrero, pirata y marinero relacionado al comercio injusto, leyes injustas así como con el tráfico de drogas y de opio.

LA SANIDAD EMPIEZA CON EL ARREPENTIMIENTO

Como intercesores hemos procurado hacer retroceder el holocausto espiritual causado por estos espíritus malignos sobre Seattle. Por años ellos han traído caos, confusión y tormento a nuestro pueblo, resultando en una senda con un reguero de muerte. Por medio de la oración hemos intentado quebrantar el poder y las maldiciones que tienen a la gente atada a los fracasos pasados. Hemos orado que sea eliminado el disfraz y que el arrepentimiento saque a la luz el espíritu sectario. Hemos buscado la gracia y la misericordia de Dios por los pecados pasados, y le hemos pedido a Dios que cure las heridas. Hemos clamado a Dios que quebrante los modelos, la callosidad y dureza de la gente, tanto cristianos como no cristianos, produciendo corazones arrepentidos que perdonen y extiendan gracia los unos a los otros.

Por medio del arrepentimiento, la purificación, y el quebrantamiento de lazos pecaminosos, estos espíritus deben marcharse. Al escribir nuevas leyes y establecer una adoración piadosa y relaciones de amor se pueden quebrantar más los «derechos» de estos espíritus territoriales. La guerra espiritual y acciones de oración profética tal como Kjell Sjöberg describe (véase el capítulo 4) pueden aflojar la opresión por una temporada, preparando las mentes para que se abran al evangelio y para la liberación final que viene mediante el arrepentimiento personal y la vida santa. Como intercesores hemos ayunado y orado a menudo, y procurado traer sanidad. Paso a paso, el Espíritu Santo nos ha guiado en nuestra oración para derribar las fortalezas en el área.

CÓMO DERRIBAR FORTALEZAS

Los siguientes son dos ejemplos de las muchas maneras en que hemos procurado, mediante la oración y la reconciliación, hacer que ocurran los cambios necesarios.

Oración

Hace varios años empezamos a orar por el área de la Plaza Pioneros, que es la parte más vieja de la ciudad. Esta parte de Seattle fue literalmente construida sobre sus propias ruinas como resultado del incendio que Mark McGregor describe. Esto provee un cuadro natural que parece revelar la condición espiritual de la ciudad. Al orar nosotros desde los edificios subterráneos, recordando la corrupción pasada de la ciudad y sus líderes fundadores, nuestra aflicción aumentó. Nos identificamos con sus pecados por medio de nuestras propias raíces de raza caída, y confesamos nuestros pecados personales tanto como la indiferencia, desunión, y componendas morales de la iglesia. Buscamos la misericordia de Dios y el perdón usando Juan 20.23: «A quienes remitiereis los pecados, les son remitidos». Clamamos arrepentimiento y restauración para la iglesia y para la gente de la ciudad.

La guerra contra la ceguera que Satanás echa sobre las mentes surgió en nuestros corazones conforme el descarado mal y engaño del enemigo quedaba expuesto. Usando los principios de Jeremías 1.10 empezamos a derribar y a arrancar, al confrontar los espíritus detrás de la codicia, el oportunismo, el engaño, el orgullo, la rebelión, la independencia, la rebeldía, la prostitución, el descaro, la perversidad, la embriaguez, la adicción, la pornografía, la sodomía, el homicidio, el racismo, el prejuicio, la desesperanza, la pobreza, la indiferencia religiosa, la influencia masónica, el liberalismo, la rivalidad, la disensión, la suspicacia, la gratificación propia, la exaltación propia, el dominio, la injusticia, la alienación y la opresión. Usamos los principios de 2 Corintios 10.4-6 y empezamos a derribar los falsos argumentos y creencias contrarias a Dios y a sus verdades. Nuestra fe se levantó al proclamar el señorío de Jesucristo y proféticamente declaramos la Palabra con cantos sobre las tinieblas.

Arrepentimiento

En mayo de 1992 los «Ministerios Internacionales Gateway», en donde sirvo, invitaron a los pastores y a los líderes de la ciudad a un desayuno-almuerzo con el propósito de arrepentirnos de nuestros prejuicios personales y las raíces históricas de heridas raciales en el área. Casi todo grupo étnico estuvo representado. Empezamos con las relaciones originales rotas entre los indios estadounidenses y los primeros colonos blancos, y continuamos con cada grupo étnico. Durante este tiempo más de 200 mujeres procedentes de todo el estado se reunieron para una vigilia de oración de 24 horas en el centro de Seattle para orar por la ciudad y por los líderes que estaban reunidos. El perdón y el arrepentimiento se extendió también entre las mujeres de los varios grupos étnicos presentes. También tuvo lugar el arrepentimiento por los pecados de las relaciones pasadas entre hombres y mujeres. Sorprendente sanidad ocurrió, y se sembraron las semillas de la renovación.

LOS DONES REDENTORES DE SEATTLE

El Cuerpo de Cristo en Seattle empezó a unirse. Para tener el mayor impacto posible debemos aumentar nuestra vigilancia ahora con vigilias de oración a nivel de toda la ciudad y una estrategia unida que traiga arrepentimiento y reconciliación. Las fortalezas serán derribadas conforme nos amemos unos a otros, y juntos levantemos el nombre del Señor Jesús. «Y yo, si fuere levantado de la tierra, a todos atraeré a mí mismo» (Juan 12.32).

Por medio de nuestro arrepentimiento la iglesia tendrá el poder para impartir intercesión eficaz, para predicar con poder. La iglesia debe elevarse a su herencia, porque hoy es la hora *kairós* para que el Señor entre triunfalmente por nuestras puertas [a Seattle].

A Seattle se la llama la ciudad sobre un monte, que no se puede esconder, un refugio de luz. Debe ser una ciudad que glorifique a Dios por medio de la adoración y la alabanza, impartiendo los dones espirituales y físicos a las naciones. Seattle debe ser una ciudad misionera trayendo la vida y el amor de Jesucristo a las multitudes, mediante la oración, la proclamación y las ofrendas.

Las fuerzas espirituales detrás de las fortalezas que han afectado a Seattle y al estado de Washington por siglos pronto doblarán sus rodillas conforme la iglesia se une para alcanzar al perdido y al que sufre. Las más débiles de los débiles, los más pobres de los pobres, así como los más desilusionados y oprimidos pronto se levantarán para derrotar al enemigo que los ha oprimido desde sus más tempranos comienzos. Por medio de nuestro arrepentimiento la iglesia tendrá el poder para impartir intercesión eficaz, y para predicar con poder. La iglesia debe elevarse a su herencia, porque hoy es la hora *kairós* para que el Señor entre triunfalmente por nuestras puertas.

—Preguntas de Reflexión—

1. ¿Por qué este capítulo está dividido en dos partes? ¿Tiene esto algún significado?
2. ¿Qué significa el término «oraciones redentoras»? ¿En qué forma es este método de orar diferente a otros?
3. ¿En qué maneras puede la iglesia ser una obstrucción a la manifestación del poder de Dios en una ciudad? ¿Es este el caso con las iglesias de su ciudad?
4. ¿Cuán importante, piensa usted, es descubrir los nombres de los espíritus territoriales sobre una ciudad?
5. ¿Qué papel tiene el arrepentimiento en la guerra espiritual a nivel estratégico? Explore las maneras en que se podría lograr un serio arrepentimiento en su ciudad.

Resumen: Cómo cartografiar su comunidad

C. Peter Wagner

MUCHOS SE ESTARÁN PREGUNTADO: ¿CÓMO LO hago en mi ciudad? Debido a que pocos líderes cristianos de hoy tienen apreciable trasfondo en cartografía espiritual, la respuesta a tal pregunta no será fácil. Es importante no caer en la trampa de pensar que es una especie de magia que funcionará si hacemos las cosas de la misma manera que Víctor Lorenzo o Bev Klopp. No hay una manera única de levantar la cartografía espiritual.

Habiendo dicho eso, también me doy cuenta de que algunas pautas pueden ser útiles. Este breve capítulo de resumen está diseñado para proveer algunas de esas pautas. Al prepararlo he repasado todos los capítulos del libro en los cuales los contribuyentes mencionan preguntas que formulan o procedimientos que casi siempre usan cuando están cartografiando espiritualmente una ciudad o un área. También he obtenido un valioso material que Cindy Jacobs preparó, pero que no se halla en su capítulo. Reuniendo todo tenemos una lista sistematizada de preguntas a formularse al realizar la cartografía espiritual. La lista no es ni completa ni definitiva. Usted tal vez quiera añadir otras preguntas. Algunas tal vez no sean de ninguna utilidad para usted. Pero es un comienzo.

Hay muchos niveles de cartografía espiritual. Esta puede hacerse en su vecindario, o en su sector particular de la ciudad. La cartografía puede hacerse para la ciudad completa o para la ciudad y sus áreas aledañas, o para el estado o provincia, o para la nación entera. Algunos querrán cartografiar un grupo de naciones. Por razón de simplicidad, voy a dar por sentado que estamos cartografiando una ciudad, y expresaré las preguntas de acuerdo a esto. Pero las mismas preguntas, es obvio, se aplican virtualmente a cualquier área geográfica.

El primer paso es *reunir* la información; el segundo es *actuar* según la información. Por eso no quiero implicar que todo el primer paso debe darse antes de que se pueda empezar el segundo. Pueden, y deben, operar simultáneamente. Pero la acción de oración será más eficaz si está basada en información sólida.

PASO UNO: REUNIR LA INFORMACIÓN

Siguiendo la guía de contribuyentes tales como Harold Caballeros, voy a dividir la fase de recolectar la información en tres partes: (1) investigación histórica, (2) investigación física, (3) investigación espiritual. Si usted quiere asignar esto a tres equipos separados, como lo hizo Caballeros, es asunto suyo. Pero esto tiene sus ventajas, si hay personal disponible.

INVESTIGACIÓN HISTÓRICA
I. LA HISTORIA DE LA CIUDAD

A. La fundación de la ciudad

1. ¿Quiénes fueron las personas que fundaron la ciudad?
2. Cuál fue la razón personal o colectiva que tuvieron para fundar la ciudad? ¿Cuáles eran sus creencias y filosofías? ¿Cuál era su visión para el futuro de la ciudad?
3. ¿Qué significa el nombre original de la ciudad?
- ¿Ha cambiado el nombre?
- ¿Hay otros nombres o designaciones populares para la ciudad?
- ¿Tienen estos nombres algún significado? ¿Están vinculados con alguna religión de algún tipo? ¿Son nombres demoníacos o de ocultismo? ¿Significan bendición? ¿Maldición? ¿Destacan el don redentor de la ciudad? ¿Reflejan el carácter de los pobladores de la ciudad?

B. La historia posterior de la ciudad

1. ¿Qué papel ha jugado la ciudad en la vida y carácter de la nación como un todo?
2. Conforme han ido emergiendo líderes prominentes en la ciudad, ¿cuál ha sido su visión para la ciudad?
3. ¿Ha tenido lugar algún cambio radical en el gobierno o liderazgo político de la ciudad?
4. ¿Ha habido cambios significativos o súbitos en la vida económica de la ciudad? ¿Hambruna? ¿Depresión? ¿Tecnología? ¿Industria? ¿Descubrimiento de recursos naturales?
5. ¿Ha ocurrido alguna inmigración significativa? ¿Hubo alguna vez imposición de un nuevo lenguaje o cultura en la ciudad como un todo?

6. ¿Cómo se ha tratado a los inmigrantes y grupos minoritarios? ¿Cómo se han relacionado entre sí las razas o grupos étnicos? ¿Han legitimizado las leyes de la ciudad el racismo de algún tipo?
7. ¿Han roto algún tratado, contrato o pacto los líderes de la ciudad?
8. ¿Alguna guerra ha afectado directamente a la ciudad? ¿Se libró alguna batalla en la ciudad? ¿Hubo derramamiento de sangre?
9. ¿Cómo ha tratado la ciudad a los pobres y a los oprimidos? ¿Ha caracterizado la codicia a los líderes de la ciudad? ¿Hay evidencia de corrupción entre los líderes e instituciones políticas, económicas o religiosas?
10. ¿Qué desastres naturales han afectado a la ciudad?
11. ¿Tiene la ciudad un lema o *slogan*? ¿Qué significa éste?
12. ¿Qué clase de música escucha la gente? ¿Cuál es el mensaje que reciben de tal música?
13. ¿Cuáles palabras usarían más los pobladores de la ciudad para caracterizar los rasgos positivos de ella actualmente? ¿Cuáles palabras usarían para los rasgos negativos?

II. Historia de la religión en la ciudad

A. Religión no cristiana

1. ¿Cuáles eran los puntos de vista y las prácticas de las personas que habitaban en el área antes de la fundación de la ciudad?
2. ¿Hubo consideraciones religiosas importantes en la fundación de la ciudad?
3. ¿Ha entrado en la ciudad, en proporciones significativas, alguna de las religiones no cristianas?
4. ¿Cuáles órdenes secretas (tales como la francmasonería) han estado presentes en la ciudad?
5. ¿Cuáles cuevas de brujas, grupos satanistas y sectas de este tipo han operado en la ciudad?

B. El cristianismo

1. ¿Cuándo, si acaso, entró el cristianismo en la ciudad? ¿Bajo qué circunstancias?
2. ¿Ha sido masón algunos de los primeros o posteriores líderes cristianos?
3. ¿Qué papel ha jugado la comunidad cristiana en la vida de la ciudad como un todo? ¿Han habido cambios en esto?
4. El cristianismo en la ciudad ¿está creciendo, estancado o en declinación?

C. Relaciones

1. ¿Ha habido algún conflicto entre las religiones en la ciudad?
2. ¿Ha habido conflicto entre cristianos?
3. ¿Cuál es la historia de las divisiones de iglesias en la ciudad?

INVESTIGACIÓN FÍSICA

1. Busque diferentes mapas de la ciudad, especialmente los más antiguos. ¿Qué cambios han tenido lugar en las características físicas de la ciudad?
2. ¿Quienes fueron los planificadores de la ciudad que la diseñaron? ¿Hubo entre ellos algún francmasón?
3. ¿Hay algún diseño o símbolo discernible y significativo incrustado en el plan o trazado original de la ciudad?
4. ¿Hay algún significado en la arquitectura, ubicación o relación posicional de los edificios centrales, especialmente aquellos que representan los poderes políticos, económicos, educativos o religiosos de la ciudad? ¿Colocaron alguna piedra angular los francmasones?
5. ¿Ha habido alguna significación histórica en el terreno sobre el cual uno o más de estos edificios estuvieron ubicados originalmente? ¿Quién fue el dueño original de ese terreno?

6. ¿Cuál es el trasfondo de los parques y plazas de la ciudad? ¿Quién los promovió y los financió? ¿Qué significado pudieran tener sus nombres?

7. ¿Cuál es el trasfondo y posible significado de las estatuas y monumentos de la ciudad? ¿Reflejan alguna característica demoníaca o glorifican a la criatura antes que al Creador?

8. ¿Qué otras formas de obras de arte se exhiben en la ciudad, especialmente en los edificios públicos, museos o teatros? Indague en forma especial respecto a arte sensual o demoníaco.

9. ¿Hay sitios arqueológicos prominentes en la ciudad? ¿Qué significado pueden tener?

10. ¿Cuál es la ubicación de centros altamente visibles de pecado tales como clínicas de aborto, librerías o teatros de pornografía, áreas de prostitución, de juego, cantinas o tabernas, actividades homosexuales, etc.?

11. ¿En qué áreas se concentra la codicia, la explotación, la pobreza, la discriminación, la violencia, enfermedades o accidentes frecuentes?

12. ¿Cuáles son los lugares de derramamiento de sangre por masacre, guerra u homicidios, en el pasado o en el presente?

13. ¿Sigue la posición de los árboles, colinas, piedras, o ríos algún patrón evidentemente significativo?

14. ¿Tienen los sitios destacados de la ciudad nombres que no glorifican a Dios?

15. ¿Cuál es el punto geográfico más elevado de la ciudad, y qué hay edificado o ubicado allí? ¿Esto puede ser una declaración de autoridad.

16. ¿Qué zonas, sectores o vecindarios en su ciudad parecen tener características propias? Intente discernir las áreas de la ciudad que parecen tener un medio ambiente espiritual diferente.

INVESTIGACIÓN ESPIRITUAL

A. No cristiana

1. ¿Qué nombres de deidades principales o espíritus territoriales están asociados con el pasado o presente de la ciudad?
2. ¿Cuál es la ubicación de lugares altos, altares, templos, monumentos o edificios asociados con hechicería o brujería, ocultismo, lectura de la suerte, satanismo, francmasonería, mormonismo, religiones orientales, Testigos de Jehová y otros grupos similares? ¿Forman éstos algún modelo al señalarlos en un mapa?
3. ¿Cuáles son los sitios de adoración pagana en el pasado, incluso antes de que la ciudad fuera fundada?
4. ¿Cuáles son los diferentes centros culturales que pudieran contener arte o artefactos conectados con la adoración pagana?
5. ¿Se ha consagrado a sabiendas algún líder de la ciudad a algún dios pagano o principado?
6. ¿Hay alguna maldición conocida que fue colocada por los habitantes originales de la tierra, o por la gente que fundó la ciudad?

B. Cristiana

1. ¿Cómo han sido recibidos los mensajeros de Dios por la ciudad?
2. La evangelización ¿ha sido fácil o difícil?
3. ¿Dónde están ubicadas las iglesias? ¿Cuáles de ellas vería usted como iglesias «que dan vida»?
4. ¿Qué tal es la salud de las iglesias en la ciudad?
5. ¿Cuáles líderes cristianos pueden ser considerados «ancianos de la ciudad»?
6. ¿Es fácil orar en todas las áreas de la ciudad?
7. ¿Cuál es el status de unidad entre los líderes cristianos, cruzando las líneas étnicas y denominacionales?
8. ¿Cómo miran los líderes de la ciudad a la moralidad cristiana?

C. Revelacional

1. ¿Qué es lo que los intercesores reconocidos y maduros están oyendo de Dios respecto a la ciudad?
2. ¿Cuál es la identidad de los más altos principados que parecen estar en control de la ciudad como un todo o de ciertas áreas de la vida o territorio de la ciudad?

PASO DOS: ACTUAR SOBRE LA BASE DE LA INFORMACIÓN

Una ventaja de tener varios contribuyentes en un libro como este es que proveen vislumbres de diferentes formas de abordar la guerra espiritual a nivel estratégico. Hemos visto a Cindy Jacobs guiar a los pastores de Resistencia en el arrepentimiento. Hemos visto a Kjell Sjöberg infiltrarse en una organización ocultista sueca, y observado a Harold Caballeros hallar el nombre del hombre fuerte en cierta página de un periódico de Guatemala. Hemos visto a Bob Beckett clavar en el suelo estacas de roble en las entradas de Hemet. Igualmente, hemos visto a Víctor Lorenzo unirse en una cruz humana en el centro de la plaza en La Plata, y a Bev Klopp arrepentirse en los edificios subterráneos de Seattle. Todos ellos hallaron cierta ventaja en los métodos que usaron, pero ninguno de ellos afirma que los demás deberían hacerlo de la misma manera.

Por medio de la oración Dios les mostrará a los líderes, ciudad por ciudad, cuál acción es la más apropiada para su situación en particular. Entre tanto, hay algunas reglas generales para ministrar a una ciudad mediante la guerra espiritual a nivel estratégico. Los que han leído el primer libro en esta serie: *Oración de guerra*, están familiarizados con las reglas para tomar una ciudad, que explico allí. Para beneficio de los que todavía no lo han leído, y para quienes lo han olvidado, simplemente haré una lista de las seis reglas sin mayor explicación:

Regla 1: El área
Seleccione un área geográfica controlable con límites espirituales discernibles.

Regla 2: Los pastores
Busque y procure conseguir la unidad de los pastores y otros líderes cristianos en el área y empiecen a orar juntos en forma regular.

Regla 3: El cuerpo de Cristo
Proyecte una imagen clara de que los esfuerzos no son una actividad simplemente de los pentecostales o de los carismáticos, sino del cuerpo de Cristo completo.

Regla 4: La preparación espiritual
Mediante el arrepentimiento, la humildad y la santidad, asegúrese de la preparación espiritual de los líderes participantes y de otros cristianos.

Regla 5: La investigación
Investigue el trasfondo histórico de la ciudad a fin de revelar las fuerzas espirituales que le dan forma. (Esto fue cubierto en la primera parte de este capítulo: «Reunir la información».)

Regla 6: Los intercesores
Trabaje con intercesores especialmente dotados y llame a la guerra espiritual a nivel estratégico, buscando la revelación de Dios sobre: (a) el don o dones redentores de la ciudad; (b) las fortalezas de Satanás en la ciudad; (c) los espíritus territoriales asignados a la ciudad; (d) pecado corporativo pasado o presente con el cual hay que tratar y resolver; y (e) el plan de ataque y el tiempo de Dios.

—PREGUNTAS DE REFLEXIÓN—

1. Este capítulo contiene 60 preguntas para la cartografía espiritual. ¿Hay algunas de ellas que no se aplicarían a su ciudad? Elimínelas.
2. Use las preguntas restantes para cartografiar su ciudad. Una o más personas podrían hacer esto.
3. Marque en mapas reales de la ciudad lo que usted encuentra. Verifique sus hallazgos con otros líderes cristianos para confirmar la exactitud de y sus perspectivas.
4. Forme un grupo de intercesores para orar sobre el mapa, y dígale a los líderes cristianos participantes lo que ha hallado.
5. Trate de leer el libro *Oración de guerra* por C. Peter Wagner antes de empezar la guerra espiritual real por su ciudad.